Anja Mohr

Erwachen, Blühen, Wachsen

Ganzheitliche Spiel- und Lernanregungen zum Thema Frühling

Ökotopia Verlag, Aachen

MIX
Papier aus verantwortungsvollen Quellen
FSC® C018236
www.fsc.org

Impressum

Autorin Anja Mohr
Illustrator Boris Braun
Fotos Anja Mohr
Covergestaltung PERCEPTO mediengestaltung
Layout & Satz designmeetsmotion.com, Katharina Hoffmann
Druck Drukarnia Dimograf Sp. z o.o., Polen

ökotopia

ISBN 978-3-86702-408-2

Bleiben Sie in Kontakt

www.oekotopia-verlag.de

Inhalt

Vorwort

Der Frühling ist die Jahreszeit, in der es draußen wieder wärmer wird und die Natur zu neuem Leben erwacht. In diesem Buch finden Sie eine Sammlung vieler Ideen und Impulse für die Frühlingszeit in Kindertageseinrichtungen.

Für die Kinder gibt es im Frühling jeden Tag etwas Neues zu entdecken und sie genießen es, sich nach der langen kalten Winterzeit wieder länger im Freien aufzuhalten. Die Natur wird staunend betrachtet. Sie erleben die Bienen, die ausfliegen, um Nektar bei den überall blühenden Frühlingsblumen zu sammeln. Raupen sind zu beobachten, die zu wunderschönen Schmetterlingen werden. Vieles, was die Natur uns im Frühling zeigt, wird spielerisch aufgegriffen und in Beschäftigungen vertieft. Dabei werden alle Sinne – wie das Riechen, Schmecken, Hören, Tasten und Sehen – angesprochen. Frühlingsgeschichten, kreatives und hauswirtschaftliches Tun, Fingerspiele und Bewegungsanregungen bringen den Frühling in die Gruppenzimmer.

Ein besonderer Teil dieses Buches befasst sich mit den Pflanzen und ihren Bedürfnissen. Denn das Thema Pflanzen bedeutet für Kinder in erster Linie agieren und experimentieren, die Welt mit den eigenen Händen begreifen und entdecken zu können.

Es ist immer wieder ein Ereignis, dass sich, wenn die Kinder ein paar Samenkörner in die Erde gelegt und gegossen haben, nach wenigen Tagen bereits erste grüne Spitzen zeigen, deren Wachstumsfortschritt sie danach praktisch täglich beobachten können.

Diese Erlebnisse verfestigen sich, weil die Kinder hier wahrnehmen, was Pflanzen brauchen und wie Pflanzen mit ihrer Hilfe gedeihen können.

Die drei Pflanzen – Tulpe, Löwenzahn und Gänseblümchen –, die in diesem Buch aufgeführt sind, sind aus der Lebenswelt der Kinder. Sie sind in der Frühlingszeit überall leicht zu finden und zu entdecken: Eine Tulpe wächst in Vorgärten und wird als Schnittblume oder in Töpfen in Supermärkten zum Kauf angeboten. Ein Löwenzahn findet auch in einer Gehwegspalte ein Plätzchen, um zu gedeihen und zu wachsen. Die Gänseblümchen sprießen wild in Rasenflächen im Garten, auf Spielplätzen und in Parks.

Das Fest Ostern gehört in den Frühling und die Kinder verbinden es mit dem Osterhasen, mit Hühnern und mit bunten Ostereiern – doch auch der christliche Hintergrund wird nicht unerwähnt bleiben.

Das Buch bietet Ihnen zu allen Bildungsbereichen zahlreiche Angebote, die ohne großen Material- und Zeitaufwand direkt in die Praxis umgesetzt werden können, denn viele Kopiervorlagen für Bastelarbeiten erleichtern Ihnen hier die Vorbereitung.

Ganz wichtig für Sie zu wissen ist, dass alle aufgeführten Beschäftigungen von mir im Kindergartenbereich mit Kindern im Alter zwischen zwei und sechs Jahren durchgeführt wurden. Teilweise sind sie mit den Kindern erarbeitet, umgestaltet und auf ihre Bedürfnisse abgestimmt worden. Somit sind alle Angebote nahe an der Praxis und wecken das Interesse der Kinder.

Ob Sie aus diesem Buch ein großes Frühlingsprojekt starten oder nur einzelne Angebote in Betracht ziehen wollen, bleibt Ihnen überlassen.

Ich wünsche Ihnen und den Kindern auf alle Fälle viel Erfolg und Spaß dabei.

Es wird Frühling

Der Frühling ist eine von vier Jahreszeiten. Im Frühling werden die Tage wieder länger und die Nächte kürzer.

Der astronomische Beginn des Frühlings wird bei uns auf den 20. März gelegt, den Tag der Tagundnachtgleiche – es ist genau 12 Stunden hell (Tag) und 12 Stunden dunkel (Nacht). Er endet um den 21. Juni, dem Tag der Sommersonnenwende. An diesem Tag ist es genau 16 Stunden hell (längster Tag des Jahres) und acht Stunden dunkel (kürzeste Nacht des Jahres).

Der Frühling steht für das Erwachen der Natur, für neues Leben. Die Wiesen und Bäume werden grün, die ersten Blumen blühen, die Vögel zwitschern und die Menschen sind froh über das Licht, gehen spazieren und genießen die ersten wärmenden Sonnenstrahlen.

Wenn sich in der Natur alles regt und wächst, spricht man vom Frühlingserwachen. Wir Menschen lassen uns davon anstecken, der Frühjahrsputz beginnt. Haus und Garten erstrahlen im neuen Glanz.

Exkursion

Den Frühling entdecken

Alter: ab 3 Jahren
Material: Kamera, Plakatpapier (A3), Zeitschriften, Stifte, Notizblock, Schere, Kleber

Um mit den Kindern den Frühling zu entdecken, braucht es keine Vorbereitung. Auf einem einfachen Spaziergang bekommen sie die Aufgabe, Zeichen des Frühlings aufzuspüren. Bei diesem Spaziergang wird alles notiert und fotografiert, was aufzeigt, dass der Frühling Einzug gehalten hat. Das können blühende Bäume, Blumen wie Hyazinthen, Narzissen, Krokusse, Tulpen sein. Aber auch eine Terrasse, auf der wieder die Gartenmöbel stehen, Menschen, die nicht mehr so dicke Kleidung tragen. Es werden alle Beiträge der Kinder notiert und Anregungen für Fotos von den Kindern aufgenommen.

Nach dem Ausdrucken der Fotos wird alles auf einem Plakat zusammengetragen. Hierbei können die Kinder aus Zeitungen und Zeitschriften weitere Situationen und Dinge ausschneiden oder malen, die sie mit dem Frühling in Verbindung bringen.

Die Frühlingsfee hat verschlafen

Geschichte

Alter: ab 3 Jahren

Weit, weit weg von uns leben schon seit vielen, vielen Jahren vier Feen, die Jahreszeitenfeen. Jede von ihnen trägt einen wunderschönen Namen. Da gibt es die Sommerfee, die Herbstfee, die Winterfee und die Frühlingsfee. Jede Fee übernimmt im Jahreslauf eine bestimmte Aufgabe, die der jeweiligen Jahreszeit bei ihrer Arbeit hilft. So sorgt die Sommerfee für das warme und heiße Badewetter im Sommer. Die Herbstfee hilft dabei, dass reichlich Obst und Gemüse im Herbst reif werden. Die Winterfee verhilft der Welt mit ihrem Schnee immer wieder zu glänzenden Auftritten gegen das traurige Wintergrau.

Doch dieses Jahr war etwas anders: Auf der Erde wartete die Winterfee schon einige Zeit darauf, dass die Frühlingsfee sie ablöst, doch die kam einfach nicht. Die Menschen froren immer noch und auch die Pflanzen regten sich. Was war nur passiert? Als der Kalender den Frühlingsanfang anzeigte und die Frühlingsfee noch immer nicht zu sehen war, machte sich die Winterfee eilig auf den Weg nach Hause. Und was musste sie da sehen? Die Frühlingsfee lag friedlich schlummernd noch in ihrem Bettchen! Die Winterfee rüttelte und schüttelte die Frühlingsfee: „Aufstehen, du Schlafmütze, du hast verschlafen. Die Menschen warten längst auf dich!" Da schlug die Frühlingsfee die Augen auf und rief erschrocken: „Oh nein, das ist mir ja noch nie passiert!" Schnell schlüpfte sie in ihr gelbes Frühlingskleid und rannte los. „Die Tiere, die Pflanzen und auch die Menschen erwarten mich bestimmt schon!", dachte sie. Als sie auf der Erde ankam, breitete sie die Arme aus und umschloss Wiesen und Felder, Gärten, Parks und Wälder mit ihrem warmen, duftenden Umhang und rief: „Hört mir zu, ich bin die Frühlingsfee und bringe heute den Frühling zu euch." Doch nichts regte sich. Schläfrige Stille lag über dem Land, die Winterruhe.

Die kleine Fee sah sich verwundert um. Hatte sie gar nicht verschlafen? Hatte sich die Winterfee geirrt und sie war noch zu früh?, fragte sie sich und holte tief Luft. Nein. Es duftete nach Frühling. Die ersten Sonnenstrahlen hatten zum Morgenerwachen Bäume, Büsche, Blumen und Gräser zuerst zart rosa angemalt und nun in warmes sattes Sonnenlicht getaucht. Es lag nur noch ganz wenig Schnee auf den Wiesen.

„Also, das Wetter stimmt", murmelte die Frühlingsfee. „Das Land ist bereit. Nur die Tiere und Pflanzen ruhen noch. Mir scheint, sie haben wie ich verschlafen. Ich werde sie aus ihrem Winterschlaf wecken müssen!"

Sie kicherte ein wenig, dann machte sie sich wieder auf den Weg. Sie rief so laut sie konnte: „Hört ihr mich, ihr Pflanzen und Tiere? Ich, die Frühlingsfee, bin jetzt da! Ihr könnt aufwachen!"

So zog die Frühlingsfee viele Tage – mal lockend, mal lärmend – durchs Land. Unterwegs blieb sie immer wieder stehen und griff in die Taschen ihres gelben Feenkleides. Sie füllte ihre Hände mit kunterbunten Blumen-, Gräser- und Kräutersamen und streute diese auf die Böden der ruhenden Wiesen, Gärten, Parks, Wegränder, Felder und Wälder.

Dort, wo die Feensamen auf den Boden trafen, begann sogleich geschäftiges Leben. Tiere krochen aus ihren Schlafecken hervor. Bäume, Sträucher, Gräser, Blumen und Kräuter reckten sich der Sonne entgegen und bildeten neue Triebe, Blätter und Blütenknospen. Erste Blüten öffneten ihre Köpfe. Bald herrschte überall im Land reges Treiben und in der Luft lag ein süßer Duft, der die Frühlingsfreude übers Land trug. Die Natur erwachte.

„Fein!", freute sich die Frühlingsfee, „jeden Tag ein kleines Stück mehr Frühling. Ich habe es fast geschafft!" Als sich auch die Fenster und Türen der Häuser öffneten und überall die Menschen fröhlich heraustraten, hatte sie ihre Arbeit erledigt und konnte sich über das Ergebnis sehr freuen. Das Land war erwacht.

Kreatives Angebot Jahreszeitenfee – Frühlingsfee

Alter: ab 4 Jahren
Material: Tonkarton (in Gelb und Hautfarbe), Tonpapierreste, Biegeplüsch (in Gelb), Schere, Kleber, Bleistift, Farbstifte, Vorlage 4 (Anhang S. 104)

Auf den gelben Tonkarton für den Körper einen Halbkreis im Durchmesser von 20 cm und für den Hut einen Halbkreis von 7 cm aufzeichnen und ausschneiden. Die Halbkreise zu einem Kegel formen und zusammenkleben. Den Kopf und Hals entsprechend der Vorlage auf den hautfarbenen Tonkarton übertragen, ausschneiden und ein Gesicht aufmalen. Den Kopf mit dem Hals in den großen Kegel stecken und fixieren. Auf den Kopf den kleinen Kegel setzen und hinten am Kopf ankleben. Vorne den Kegel viermal einschneiden und die Streifen nach oben klappen. Den Biegeplüsch auf eine Länge von ca. 18 cm schneiden und hinter dem Kopf als Arme in den Kegel stecken und fixieren. Jetzt kann die „Frühlingsfee" mit bunten Blumen beklebt werden.

Tipp: Nach dieser Anleitung können auch die Sommer-, die Herbst- und die Winterfee gestaltet werden.

Den Frühling hören, riechen und sehen

Exkursion

Alter: ab 3 Jahren
Material: Sitzkissen, Plakat, Bild von einem Ohr, einem Auge, einer Nase, Stifte
Ort: im Freien

„Den Frühling hören, riechen und sehen" zeigt den Kindern auf, wie sie mit den Sinnen wahrnehmen können, dass es Frühling ist.

Für dieses Angebot begeben sich alle – jeweils ausgestattet mit einem Sitzkissen – ins Freie. Am besten in einen Garten, Park oder auf eine Wiese, wo nicht gleich eine Straße in der Nähe ist.

- Die Kinder setzen sich in einen Kreis auf ihr Kissen und schließen die Augen, mit der Bitte, nicht mehr zu sprechen und nur noch genau hinzuhören.
- Nach 1–2 Minuten öffnen sie die Augen wieder. *„Was konntet ihr hören?"*
- Ein Gespräch über die gehörten Geräusche schließt sich an.
- Die Kinder dürfen nun aufstehen und einige Minuten in einem festgelegten Bereich umhergehen und immer wieder – möglichst mit geschlossenen Augen – riechen.
- Wenn die Kinder sich wieder zu einem Kreis gesetzt haben, schließt sich auf die Frage *„Was konntet ihr riechen?"* auch hier ein Gespräch an.
- Für die letzte Aufgabe, den Frühling zu sehen, dürfen sich die Kinder wieder bewegen und umhergehen. Auch hier schließt sich ein Gespräch an auf die Frage: *„Was konntet ihr sehen?"*

Wenn die Kinder zurück in der Einrichtung sind, gestalten sie gemeinsam ein Plakat mit ihren Sinneswahrnehmungen.

Dazu ein Plakat in drei Spalten teilen und jeweils mit den Bildern Ohr, Nase und Auge bekleben. Die Kinder füllen die Spalten mit Zeichnungen und wiederholen so anschaulich, wie der Frühling riecht, was sie sehen und wie sie ihn hören konnten.

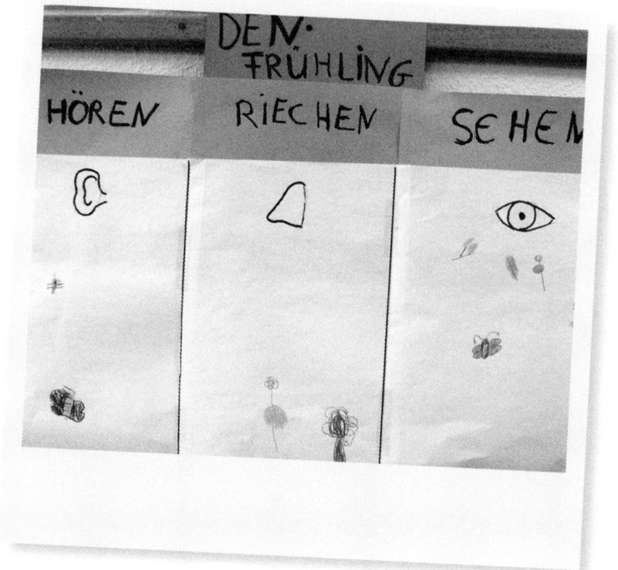

Bewegungsturnen

Frühjahrsputz

Alter: ab 4 Jahren
Material: Stühle, Sprossenwand, Chiffontücher, 2 Wäschekörbe, Wäsche (Putzlappen, Geschirrtücher o.Ä.), Wäscheleine, Klammern, Gymnastikstäbe, geknüllte Papierkugeln, Langbank, Musik (beliebig)

Vorbereitung: Hängen Sie die Handtücher (Gardinen) oben an die Sprossenwand, legen die Papierkugeln (Staub) in eine Ecke und spannen Sie eine Wäscheleine. Stellen Sie daneben einen mit Lappen gefüllten Wäschekorb und die Klammern.

Kinder, endlich ist der Winter vorbei und die Sonne lacht schon den ganzen Tag vom Himmel. Heute wollen wir auch drinnen im Haus den Winter loswerden. Kommt, wir machen einen Frühjahrsputz!
Zuerst hängen wir die Gardinen ab.

Die Kinder klettern an der Sprossenwand hoch und holen sich ein Handtuch.

Ab damit in den Wäschekorb!

Die Kinder legen die Tücher in den leeren Wäschekorb.

Oh, da ist ja ein voller Wäschekorb, ich glaube, diese Wäsche müssen wir noch aufhängen.

Die Kinder hängen die Putzlappen bzw. Geschirrtücher mit Klammern an die Leine.

Der Wind hat ja den Winterstaub (Papier) in alle Ecken verteilt, den müssen wir auffegen.

Die Kinder nehmen sich einen Gymnastikstab und bewegen die Papierkugeln durch den Raum.

Ich glaube wir sollten auch unter den Schränken nach Staub schauen.

Die Kinder krabbeln unter der Langbank hindurch.

Jetzt müssen wir nur noch den Boden wischen, nehmt euch dafür einen Lappen. Daraus können wir ein Spiel machen: Ich lasse Musik laufen und immer, wenn die Musik stoppt, rufe ich ein Körperteil, mit dem ihr euren Lappen bewegen sollt. Wir fangen mit einem Fuß an.

Die Kinder stellen einen Fuß auf ein Tuch und rutschen durch den Raum. Weitere Körperteile sind Po, Bauch, Kopf, Arm und Hand.

Lasst nun eure Tücher auf dem Boden liegen und wir ermitteln zum Abschluss die Aufräumkönigin/den Aufräumkönig.

Alle Kinder laufen durch den Raum und wenn die Musik stoppt, muss sich jedes Kind einen Lappen schnappen. Lassen Sie sich die Lappen bringen und legen Sie für die nächste Runde einen Lappen weniger ins Spiel.

Das Kind, das den letzten Lappen ergattert, wird zum König bzw. zur Königin gekürt. Damit ist diese Bewegungseinheit beendet.

Frühling auf der Wiese

Fantasiereise

Alter: ab 4 Jahren
Material: weiche Unterlage (Decke, Matte), Entspannungsmusik, Malpapier, Stifte

Dunkeln Sie den Raum etwas ab und lassen Sie im Hintergrund leise die Entspannungsmusik laufen, während sich die Kinder eine Decke bzw. Matte aussuchen.

Mache es dir auf deiner Unterlage bequem, bleibe ruhig liegen und schließe die Augen.

Stelle dir nun vor, du gehst nach draußen, die Sonne scheint warm vom Himmel. Du brauchst deine dicke Jacke nicht mehr. Auch die Mütze, den Schal und die Handschuhe kannst du zu Hause lassen. Es ist Frühling – und der zeigt sich heute von seiner schönsten Seite! Du machst dich mit einem Lächeln auf den Weg. Du kommst zu einer wunderschönen und einsamen Wiese. Hier bist du ganz alleine. Du bleibst am Rand dieser Wiese stehen und blickst dich um. Die Sonne scheint. Sie taucht die Wiese mit ihren bunten Blüten und den sich sanft wiegenden Gräsern in ein helles, schillerndes Licht. Dir gegenüber, an der anderen Seite der Wiese, beginnt ein Wald. Dort stehen hohe Bäume. Du siehst, dass der Wind sanft die Zweige hin und her bewegt. Du hörst sogar das Rascheln der Blätter, ganz sanft und leise. Du hörst genau hin, anscheinend zwitschern die Vögel ihr fröhliches Tageskonzert nur für dich! Auf der Wiese vor dir brummen die Käfer und summen die Bienen. Eine sanfte Wiesenmusik ist es, die dich zum Lauschen einlädt.

Ein bunter Schmetterling hebt sich federleicht von einer Blüte ab. Mit spielerischen Flügelschlägen fliegt er zu dir herüber und tanzt vor dir ein lockendes Tänzchen, dann fliegt er davon. Du folgst dem Schmetterling, der scheinbar schwebend durch die Luft gleitet, weiter und weiter in die Wiese hinein, von Blüte zu Blüte tänzelnd. Vorsichtig gehst du durch das Wiesengrün und bestaunst das bunte Vielerlei der Blumen. Große wie kleine Blumen in allen Farben kannst du entdecken. Sogar deine Lieblingsfarbe ist dabei. Auf einmal ist der Schmetterling verschwunden. Du bleibst mitten auf der Wiese stehen und blickst dich erneut um. Hier möchtest du bleiben und träumen. Vorsichtig legst du dich ins Gras und atmest tief ein und aus. Wie süß es hier duftet! Was du alles riechen kannst: das Gras, den Duft der Blüten, sogar den Duft der Bäume, den der sanfte Wind zu dir trägt.

Du fühlst dich wohl hier und bist nun ganz ruhig – ruhig und entspannt. Dein Atem geht ruhig und gleichmäßig – ruhig und gleichmäßig. Du bist jetzt ganz entspannt. Du fühlst dich leicht und froh – leicht und froh. Genieße die Wiese, den Frühling. Spüre noch einmal nach und achte auf all das, was du fühlst. So wie du jetzt liegst, geht es dir gut.

Bleibe noch einen Augenblick auf deiner Wiese liegen und atme zum Schluss noch einmal tief durch. Wenn du magst, kannst du der Wiese jetzt auf Wiedersehen sagen.

Balle die Fäuste, recke und strecke dich, atme tief ein und aus und öffne die Augen. Ganz entspannt und froh verlässt du diesen schönen Ort. Recke und strecke dich noch einige Male und kehre langsam, ruhig und zufrieden mit dir selbst, in deinen Tag zurück. Setzt euch langsam auf und lasst die Ruhe noch etwas auf euch wirken. Nehmt euch ein Blatt Papier und malt – zu leiser Hintergrundmusik – eure Frühlingswiese.

Kreatives Angebot

Frühlingsbild aus Faltblättern

Alter: ab 3,5 Jahren
Material: Faltblätter (quadratisch und rund), Schere und Kleber, Fingerfarben, Pinsel, großes Blatt Papier

Legen Sie ein quadratisches und ein rundes Faltblatt auf den Tisch und erläutern Sie den Kindern, um welche Formen es sich handelt.

Kündigen Sie an, dass die Kinder nun gemeinsam aus solchen Papieren Tiere auf einer Wiese entstehen lassen. Die Kinder sollen zuerst Ideen sammeln. Wichtig ist dabei, dass sie wissen, dass die Tiere nicht aufgezeichnet werden, sondern dass das Faltpapier ein Teil des Körpers ist. Die Kinder dürfen das Quadrat und den Kreis auch einmal halbieren. Die Formen, die durch das Halbieren entstehen, werden benannt: das Dreieck, der Halbkreis, das Rechteck. Wenn ausreichend Ideen vorhanden sind, suchen sich die Kinder ein Faltpapier aus und auf dem großen Plakat entsteht die Frühlingswiese. Nach dem Aufkleben des Faltblattes, stellen die Kinder die Tiere mit Fingerfarben und Pinsel fertig. Zum Schluss wird das Plakat mit weiteren Details noch ausgestaltet.

Tipp: Dieses Angebot kann auch eine Einzelaufgabe sein, dann gestaltet jedes Kind sein eigenes Bild.

Der Igel Pepi wird geweckt

Mitmach-geschichte

Alter: ab 3 Jahren

Der Frühling zieht über das Land, die Blumen sprießen und die Tiere auf der Wiese und im Wald gehen munter ihren Aufgaben nach. Nur unter einer dicken Laubdecke versteckt, liegt der kleine Igel Pepi noch im tiefen Winterschlaf. Gemütlich und warm ist er eingekuschelt in seinem Blätterbett.

Aber die anderen vermissen ihn schon. So fliegt die Biene Summsumm zu ihm und schwirrt aufgeregt um seinen Blätterhügel.

mit dem Zeigefinger als Biene herumfliegen und passende Summ-Geräusche machen: „Ssss ssssss ...."

„Hej Pepi, willst du dieses Jahr gar nicht aufstehen? Du verschläfst ja den ganzen Frühling!" Doch Pepi rührt sich nicht und schnarcht nur leise weiter. Als zweites will es das Mäuschen Fippy probieren und tippelt zu Pepis Laubhaufen.

mit den Fingerspitzen auf die Schenkel tippen und mit schnellem „Tipp, tipp, tipp ..." begleiten

„Pepi, willst du gar nicht aufstehen? Der Frühling ist da!" Da meldete sich die Biene Summsumm: „Ich habe auch schon versucht, ihn zu wecken, doch er will einfach nicht aufwachen!"

mit dem Zeigefinger als Biene herumfliegen und summen

Es dauert nicht lange, da kommt das Häschen Hoppel angehoppelt.

mit den flachen Händen auf die Oberschenkel klopfen und mit „Hoppel, hoppel ..." begleiten.

Hoppel schüttelt den Kopf und fragt: „Hallo Pepi, wie kannst du nur schlafen, wenn die Frühlingssonne lacht?"

„Ich, die Biene Summsumm",

mit dem Zeigefinger als Biene herumfliegen und summen

„und ich, das Mäuschen Fippy",

mit den Fingerspitzen auf die Schenkel tippen und mit schnellem „Tipp, tipp, tipp ..." begleiten

„wir haben es auch schon versucht, doch Pepi schnarcht und schnarcht." Es dauert wieder nicht lange, da kommt der Frosch Quack angesprungen.

mit den flachen Händen im hohen Bogen auf die Oberschenkel schlagen und dazu quaken: „Quak, quak, quak ..."

Und er quakt: „Pepi, du Schlafmütze, aufgewacht, es ist Zeit zum Aufstehen. Doch von Pepi bekommt auch er keine Antwort. Nur von der Biene Summsumm,

mit dem Zeigefinger als Biene herumfliegen und summen

von der kleinen Maus Fippy

mit den Fingerspitzen auf die Schenkel tippen und mit schnellem „Tipp, tipp, tipp ..." begleiten

und vom Hasen Hoppel hört er:

mit den flachen Händen auf die Oberschenkel klopfen und mit „Hoppel, hoppel, ..." begleiten.

„Der schläft!"

„Aber nicht mehr lange", verspricht der Frosch, „kommt. wir wecken ihn gemeinsam! Bei drei rufen wir, so laut wir können, seinen Namen: „1, 2, 3 und Peeeee piiiiiiiiii!"

alle rufen zusammen „Pepi"

Plötzlich raschelt und knistert es im Blätterhaufen. Pepi streckt sich, reckt sich und strampelt sich frei. Er hält sein Näschen aus dem Blätterhaufen und schnuppert. „Ist der Frühling schon da und mein Winterschlaf schon vorbei?" Da lachen alle! Die Biene Summsumm,

mit dem Zeigefinger als Biene herumfliegen und summen

das Mäuschen Fippy,

mit den Fingerspitzen auf die Schenkel tippen und mit: „Tipp, tipp, tipp..." begleiten

das Häschen Hoppel

mit den flachen Händen auf die Oberschenkel klopfen und mit „Hoppel, hoppel ..." begleiten.

und der Frosch Quack.

mit den flachen Händen im hohen Bogen auf die Oberschenkel schlagen und dazu quaken: „Quak, quak, quak …“

Gemeinsam rufen sie: „Der Winter ist vorbei, der Frühling ist da und du hast ihn fast verschlafen! Der Igel Pepi grinst und antwortet: „Gut, dass ihr mich geweckt habt, sonst wäre ich vielleicht erst im nächsten Winter aufgewacht!“ Da lachen alle zusammen und gehen los, den Frühling zu genießen.

Erlebnisturnen

Ein Familienausflug im Frühling

Alter: ab 2,5 Jahren
Material: Langbank

Bewegungsgeschichten im Erlebnisturnen sind für alle Kinder geeignet, da sie sich im Tempo und auch in der Schwere der Übungen dem Alter und dem Können der Kinder anpassen lassen. Es können immer wieder andere Materialien und Geräte eingebaut werden. Bei dieser Geschichte ist es die Langbank, die verschiedene Stationen in der Geschichte markiert.

Vorbereitung: Stellen Sie vor der Bewegungseinheit die Langbank in die Mitte des Raumes, da sie in der Geschichte für einige Übungen gebraucht wird. Die Kinder kommen in den Bewegungsraum. Wenn sie alle einen Platz für sich gefunden haben, beginnen Sie mit der Geschichte.

Es ist ein wunderschöner Frühlingstag, die Sonne scheint und es ist angenehm warm.

Familie Meier hat für diesen schönen Tag einen besonderen Familienausflug geplant. Sie will eine Wanderung machen. Familie Meier, das sind Mama Beate, Papa Klaus und die Kinder Paul und Susi. Die ganze Familie liegt noch im Bett.

Alle legen sich auf den Boden.

Die ersten Sonnenstrahlen des Morgens kitzeln sie wach.

sich selbst kitzeln

Das schöne Wetter lockt sie aus den Betten. Also schnell aufstehen und anziehen.

aufstehen und pantomimisch das Anziehen spielen

In der Zwischenzeit hat Papa Klaus das Frühstück gerichtet.

pantomimisch essen und trinken

Mama Beate hat für jeden einen Rucksack mit etwas Leckerem gepackt.

Rucksack aufsetzen

Froh gelaunt und ausgeschlafen laufen sie nun los.

durch den Raum laufen

Sie recken sich der Sonne entgegen und hüpfen fröhlich weiter.

ausgiebig recken und strecken und dann hüpfen

Der Weg führt sie über eine Wiese. Da sie nass ist, müssen alle mit großen Schritten durch das Gras waten.

ausholende Schritte machen

O je, am Ende der Wiese versperrt ein Zaun den Weg. Doch alle springen oder klettern einer nach dem anderen einfach über den Zaun auf die andere Seite.

über die Langbank springen oder steigen

Munter geht Familie Meier weiter. Plötzlich hören sie etwas. Die ganze Familie bleibt stehen und lauscht.

stehen bleiben und die Hand an ein Ohr halten

Alle vier schauen zum Himmel.

die Hand vor die Stirn halten und nach oben schauen

Familie Meier sieht eine große Vogelschar, sie fliegt am Himmel entlang und erfreut sie mit einem fröhlichen Gezwitscher.

die Arme ausbreiten, durch den Raum „fliegen“ und den Vogelgesang nachmachen

Nun geht es weiter ...

wieder durch den Raum laufen

Der Weg führt sie zu einem kleinen Bach, über den als Brücke ein schmaler Baumstamm führt. Vorsichtig balancieren alle über ihn zur anderen Seite.

über die Langbank balancieren

Trocken sind sie auf der anderen Seite angekommen und befinden sich auf einer Wiese. Auf ihr wachsen unzählige kleine und große Blumen.

in die Hocke gehen, dann auf die Zehenspitzen stellen

Sie alle öffnen ihre Blütenkelche und schauen zur Sonne.

langsam die zusammengehaltenen Arme nach oben führen und sie dann langsam weit öffnen und nach oben schauen

Mama Beate freut sich besonders über die Frühlingsblumen. Tulpen, Krokusse, Narzissen und auch kleine Gänseblümchen sind dabei. „Hier ist so ein schöner Platz, lasst uns eine Rast machen. Mama Beate packt die Picknickdecke aus und alle setzen sich.

Kinder setzen sich auf den Boden.

Jeder packt seine mitgebrachten Leckereien aus. Papa Klaus ein Wurstbrot, Mama Beate ein Käsebrot, Paul eine Tomate und Susi ...

auspacken und essen

Als alle gegessen haben, packen sie zusammen und setzen die Wanderung fort. Dabei hüpfen und rennen Mama, Papa und die Kinder auch mal übermütig.

gehen, laufen oder hüpfen

Als sie an aufgestapelten Baumstämmen vorbeikommen, entdecken sie eine Käferschar, die hintereinander über einen Baumstamm krabbelt.

alle krabbeln hintereinander über die Langbank

Plötzlich stoppt Papa und zeigt den Kindern Hasen, die über ihren Weg hoppeln.

alle hoppeln durch den Raum

Die Zeit vergeht viel zu schnell! Die Sonne geht langsam unter. Es wird allmählich dunkel und auch ein wenig kühler. Sie müssen sich auf den Heimweg machen.

schnelle Schritte machen und die Arme reiben

Familie Meier kommt wieder zu dem Bach. Das Wasser plätschert ganz leise. Vorsichtig balancieren sie über den Baumstamm zur anderen Seite.

über die Langbank balancieren

Sie laufen weiter zur Wiese und springen oder klettern über den Zaun.

über die Langbank springen oder steigen

Nun rennen sie los, um zu sehen, wer zuerst die Gartenbank zu Hause erreicht.

losrennen und sich auf die Langbank setzen

Die ganze Familie denkt nun an die schöne Wanderung zurück. Papa Klaus denkt besonders an seinen tollen Sprung über den Zaun, Mama Beate an die wunderschöne Blumenwiese, Paul an die Käfer und Susi an die vielen zwitschernden Vögel.

Geschichte Der Frühling ist bunt

Alter: ab 3 Jahren

Ist der Frühling endlich da, kann man ihn riechen und sehen. Mit den ersten Sonnenstrahlen erwacht die Pflanzenwelt in ihrer schönsten Pracht. Überall ist er zu sehen, in Gärten, Parks, Wäldern und Wiesen blühen jetzt die ersten frühen Frühlingsblumen. Die bunten Farbtupfer machen die Frühlingswelt jeden Tag ein bisschen bunter. Auch die Kinder in der Kita freuen sich über den Frühling und wollen heute das Frühlingsbunt suchen. Die Kinder gehen zu den hinter dem Park liegenden Gärten. Sie wollen sich die bunte Blütenpracht aus der Nähe anschauen.

„Oh, seht nur!", ruft Peter, eines der Kinder, und deutet auf die duftig weißen „Blütenflecken" am Rand der Wiese. „Schneeglöckchen, wie schön sie sind." Er springt zu den Schneeglöckchen und pflückt rasch ein ganzes Blütenpolster ratzekahl ab. Die anderen Kinder zögern. Sie sehen so hübsch aus, diese duftenden weißen Blümchen, viel hübscher als gepflückt in Peters Hand.

„Wollt ihr keine davon für einen Blumenstrauß?", fragt Peter. Die anderen schütteln den Kopf. Etwas weiter des Weges entlang in einem Vorgarten sehen die Kinder die ersten Tulpen. „Wie sind die schön!" Aufgeregt stürzt sich Peter auf die roten Blumen und fängt an zu pflücken. Eine Tulpe und noch eine Tulpe und noch eine und ...„Eigentlich reicht es jetzt", sagt er, „Findet ihr nicht?" „Stimmt", sagen die anderen Kinder. „Und da, schaut, Narzissen oder auch Osterglocken, die müssen in meinen Strauß", er deutet auf ein Beet am Rand des Gartens. Schon hat sich Peter einige gepflückt. Da kommt seine Erzieherin hinzu und sagt zu Peter: „Ich habe dich eine ganze Weile beobachtet, wie du die Blumen gepflückt hast. Jetzt schau dir doch mal den Garten an. Die schöne bunte Blumenwelt ist weg und der Garten sieht gar nicht mehr frühlingshaft aus." Peter schaut auf den Garten und auf den Blumenstrauß in seiner Hand. „Ich hätte sie wohl nicht pflücken sollen? Doch ich wollte meiner Mama einen bunten Frühlingsstrauß nach Hause bringen", erwidert Peter. Er ist jetzt doch traurig, was er getan hat. „Diesen nehmen wir jetzt mit und stellen ihn in der Kita in die Vase. Danach malen wir alle diesen bunten Frühlingsblumenstrauß. So kann jeder seiner Mama einen Frühlingsgruß mit nach Hause bringen. Auch so ein buntes Bild bringt den Frühling ins Haus", sprach die Erzieherin zu den Kindern und gemeinsam gingen sie zurück zur Kita, um ein Blumenbild mit Tulpen, Narzissen, Krokussen und Schneeglöckchen sowie Hyazinthen zu malen. Jedes Kind konnte am Ende des Kindergartentages einen Frühlingsgruß mit nach Hause nehmen.

Nach dieser Geschichte können die Kinder einen Frühlingsstrauß malen.

Gärtnern mit Kindern

Kinder lieben bunte Blumen und schnell wachsende Pflanzen. Es ist wichtig für sie, die Natur anschaulich zu erleben. Dazu kommen die Freude am Tun und die Freude, die beim Anfassen, Riechen und Sehen empfunden wird. Gibt es etwas Schöneres als zu sehen, wie die eigenen Pflanzen sich entwickeln? Vielleicht lässt sich sogar etwas ernten? Für ein Kind kann Gärtnern zur Entwicklung seines Selbstvertrauens und seiner Feinmotorik beitragen. In Kindertageseinrichtungen ist es möglich, diese Aktivitäten von einem Jahr zum nächsten immer wieder neu aufzugreifen, sie zu variieren und zu vervollständigen. Kinder erweitern auf diese Weise ihre Erfahrungen mit Pflanzen und entdecken pflanzliches Leben, sie versuchen sich in ihren ersten Darstellungen und eignen sich erste Kenntnisse an, die sie später ausbauen können.

Pflanzen züchten bedeutet in erster Linie zu agieren und zu experimentieren. Kinder gärtnern gern, weil sie dabei die Welt tatsächlich in der Hand haben, sie mit ihren Händen anfassen und entdecken können. Dabei ist es sehr wichtig, dass die Kinder unter möglichst realen Bedingungen gärtnern. Sie pflanzen also echte Samen in gute Erde und passende Blumentöpfe. So können sie zahlreiche Beobachtungen machen, die sich einprägen und verankern. Bei Untersuchungen zu bestimmten Faktoren, was eine Pflanze zum Wachsen braucht, wird durch die Beobachtung ihr Sachwissen gefestigt.

Beim Säen und Pflanzen sowie beim Pflegen der Pflanzen beobachten die Kinder Merkmale pflanzlichen Lebens: Eine Pflanze wächst, sie braucht Wasser und Licht. Sie lernen die Zeit einzuteilen, sie pflanzen, sie beobachten das Keimen, das Wachstum, die Verwandlung vom Keimling zur Pflanze.

Der Frühling ist dafür die beste Zeit, denn die ganze Natur erwacht wieder zu neuem Leben.

Versuch

Was brauchen Pflanzen zum Wachsen?

Alter: ab 3 Jahren
Material: 4 Pflanzgefäße, Bohnensamen, Blumenerde, Watte, Wasser, 1 A3-Plakat Pflanzentagebuch, 1 Karton, 4 Pflanzenstecker am Strohhalm (Vorlage 1, Anhang S. 100/101)

Ein komplexes Zusammenspiel von Erde, Wasser, Licht und Luft lässt ein Saatkorn keimen und zur Pflanze wachsen. In der Natur greifen die Elemente ohne äußeres Zutun ineinander und es entsteht ein Kreislauf. Im Garten muss der Mensch diesen Kreislauf nachahmen. Was aber, wenn er es nicht tut? Bei diesem Angebot lernen die Kinder die Bedürfnisse der Pflanzen kennen.

Die Kinder kommen zu einem Kreis zusammen. Zu der Frage: „Was brauchen Pflanzen zum Wachsen?“, sammeln die Kinder Ideen. Dabei sollten unbedingt die wichtigsten drei Begriffe genannt und festgehalten werden: Erde, Wasser, Licht.
Die Versuchsreihe startet wie folgt:

Die Kinder pflanzen in drei Pflanztöpfe mit Erde jeweils drei Bohnensamen. In ein Pflanzgefäß geben die Kinder Watte und auch drei Bohnensamen. Damit die Pflanzen nicht verwechselt werden, bekommt jedes Pflanzgefäß einen Stecker:

- Ein Pflanzgefäß mit Erde wird in absolute Dunkelheit gestellt und soll regelmäßig Wasser bekommen. Es bekommt einen Pflanzenstecker, auf dem die Sonne durchgestrichen ist.

Die anderen drei Töpfe bekommen einen Platz auf der Fensterbank.

- Davon wird eine Pflanze nicht mit Wasser versorgt. Auf ihrem Pflanzenstecker wird die Gießkanne durchgestrichen.
- Die andere Pflanze mit Erde wird regelmäßig gegossen, an diesem Stecker wird nichts durchgestrichen.
- Auch die Samen auf Watte werden gegossen. Sie bekommen einen Stecker, auf dem die Erde durchgestrichen ist.

Da es sich bei diesem Versuch um ein Langzeitexperiment handelt, kann nur eine ungefähre Zeitangabe von drei Wochen gemacht werden.

Dokumentation: Stellen Sie den Kindern das Plakat „Pflanzentagebuch“ vor und hängen Sie es an passender Stelle im Gruppenraum auf.

In die erste Spalte sollen die Kinder malen, wie die Pflanzen heute aussehen. Schauen Sie regelmäßig mit den Kindern nach den Pflanzen und lassen Sie die Ergebnisse dokumentieren. Das Gießen der drei Pflanzen nicht vergessen!

Kreatives Angebot

Pflanz-Mobile

Alter: ab 4 Jahren
Material: Tonkarton (braun, gelb, grün), Tonpapierreste (verschiedene Farben), Schere, Kleber, Faden, Vorlage 1 Pflanz-Mobile (Anhang S. 100)

Dieses Pflanz-Mobile dient der Vertiefung. Es macht den Kindern gut sichtbar, was Pflanzen zum Wachsen brauchen, und verschönert gleichzeitig ihren Gruppenraum!

Die Vorlagen Erde, Gießkanne, Sonne auf farblich passenden Tonkarton übertragen und von den Kindern ausschneiden lassen. Mit farbigen Tonpapierresten können sie die Gießkanne verzieren und vielleicht im Erdhaufen noch einen Regenwurm platzieren. Jetzt müssen sie nur noch jeweils drei Teile untereinander an einem Faden befestigen und an der Decke aufhängen.

Gärtnerisches Tun

Wir pflanzen Weizen

Alter: ab 2 Jahren
Material: Pflanzgefäße (Pflanzschalen, Blumentopfuntersetzer o. Ä.), Erde, kleine Schaufel, Weizenkörner (Supermarkt oder lose im Bioladen), Gießkanne (oder Sprühflasche) mit Wasser, Malblätter, Stifte

Um etwas mit Kindern erfolgreich zu pflanzen, eignen sich hervorragend Weizenkörner, da sie schnell wachsen und die Kinder bereits nach zwei bis drei Tagen ein Ergebnis sehen.

Diese Beschäftigung kann zu jeder Jahreszeit leicht durchgeführt werden.

In die Gefäße dürfen die Kinder Erde füllen und glatt streichen. Über die Erde streuen sie ein bis zwei Handvoll Weizenkörner.

Sie verteilen die Körner gleichmäßig auf der Erde und drücken sie fest an. Die Körner müssen nicht mit Erde bedeckt sein. Anschließend begießen sie die Körner und achten die nächsten Tage darauf, dass die Erde immer schön feucht bleibt – nicht nass, sonst schimmeln die Körner! Jeden Tag müssen die kleinen Gärtner mindestens einmal gießen. Wenn es sehr flache Gefäße sind, können die Kinder die Pflanzen einfach nur besprühen. Nach ein bis zwei Wochen ist der Weizen ca. 5 cm hoch.

Tipp: Pflanzen die Kinder etwa zwei Wochen vor Ostern, kann der Osterhase seine bunten Eier darin verstecken!

Ein Samenkorn liegt in der Erde **Fingerspiel**

Dieses Fingerspiel vertieft die zeitliche Abfolge des Pflanzenwachstums.

Alter: ab 3 Jahren

Ein kleines Samenkorn, das liegt still in der Erde.
Mit einer Hand eine Faust bilden.
Das Samenkorn in der Erde dehnt und streckt sich.
Die Faust öffnen und schließen.
Es wächst aus der Erde heraus.
Den Arm mit der Faust etwas nach oben strecken.
Langsam entfalten sich die Blätter.
Die Faust langsam öffnen.
Die Sonne spendet das Licht
Die andere Hand gespreizt über die „Pflanze" halten.
und Regen stillt den Durst.
Mit den gespreizten Fingern Regentropfen spielen.
So entsteht aus dem kleinen Samenkorn eine wunderschön blühende Pflanze.
Mit beiden Händen einen Kelch formen und über den Kopf halten.

Versuch Pflanzen wachsen zum Licht

Alter: ab 4 Jahren
Material: 1 Schuhkarton mit Deckel, kleiner Pflanztopf, Bohnensamen, Blumenerde, Karton, Schere, Klebeband

Tun sie das immer, auch wenn ihnen der Weg zum Licht etwas versperrt wird? Das testen die Kinder mit diesem Versuch!

Zunächst – etwa 5–7 Tage vor dem Angebot – füllen die Kinder etwas Erde in einen Blumentopf, drücken drei Bohnensamen etwa 1/2 cm tief in die Erde ein und stellen den Topf ans Fenster. Die nächsten Tage halten die Kinder die Erde immer feucht.

Wenn die Bohnensprossen ein paar Zentimeter aus der Erde gewachsen sind, wird der Karton vorbereitet.

Dazu schneiden die Kinder zwei Stücke festen Karton zu: so hoch wie der Schuhkarton, aber nicht ganz so breit. Diese Stücke kleben sie rechts und links innen in den Schuhkarton. In eine Ecke des Deckels schneiden sie ein Loch mit ca. 4 cm Durchmesser.

Die Kinder versammeln sich um den präparierten Schuhkarton. Gemeinsam mit den Kindern die Bohnenpflanze in die eine Ecke des Kartons stellen – dabei soll das Loch am anderen Ende sein – und den Deckel schließen. Die Pflanze ab und zu gießen. Etwa nach 10 Tagen kommt der Bohnenspross aus dem Loch im Deckel. Die Pflanze hat ihren Weg gefunden!

Pflanzen brauchen Wasser

Versuch

Ohne Wasser vertrocknen Pflanzen und ohne Wasser können sie nicht wachsen. Durch diesen Versuch erkennen die Kinder, wie wichtig Wasser für die Pflanzen ist.

Alter: ab 4 Jahren
Material: 2 Stiele vom Staudensellerie, 1 Glas, Wasser

Den einen Stiel des Staudenselleries in ein Glas Wasser stellen und einen zweiten Stiel danebenlegen.

Am nächsten Tag ist der Stiel im Wasserglas noch schön kräftig, der andere ist schon etwas welk. Die Kinder beobachten den Staudensellerie weitere Tage.

Staudensellerie frisch

... nach zwei Tagen

Versuch Wurzeln wachsen sehen

Alter: ab 4 Jahren
Material: durchsichtiges Glas mit Deckel (Marmeladenglas), Korken, Messer, Kleber, Watte, dünner Draht, Bohnensamen

Bei diesem Versuch beobachten die Kinder Bohnensamen beim Keimen.

Vorbereitung: Kleben Sie vor der Beschäftigung einen halben Korken in den Deckel des Glases.

Zu Beginn erklären Sie den Kindern, dass sie einen Bohnensamen heute einmal „verkehrt einpflanzen“ dürfen.

- Als Erstes etwas Watte in das Glas geben und befeuchten.
- Ein Ende des Drahtes in den Bohnenkern stecken und das andere Ende in den Korken.
- Das Glas verschließen und an einen warmen Ort stellen.

Jetzt heißt es abwarten! Nach 2–3 Tagen tritt eine weiße Spitze aus dem Samen aus. In den nächsten Tagen bildet der Bohnensamen richtige Wurzeln aus – und darf zum Schluss nach draußen gepflanzt werden …

Pflanzen können auch schwitzen Versuch

Auch Pflanzen schwitzen – wie wir Menschen! Bei diesem Versuch sehen die Kinder, dass eine Pflanze Wasser ausscheiden kann.

Alter: ab 4 Jahren
Material: 1 Topfpflanze, 1 kleiner Gefrierbeutel, Klebeband

Für diesen Versuch stecken die Kinder ein Blatt der Pflanze in einen Gefrierbeutel und fixieren den Beutel um den Stiel des Blattes herum mit Klebeband. Die Pflanze stellen sie für 2–3 Stunden in die Sonne und betrachten dann die Innenseite des Gefrierbeutels.

Nach ein paar Stunden wird die Innenseite der Tüte voller Wassertropfen sein, es sieht ein bisschen aus wie Nebel in der Tüte.

Erklärung: Die Pflanze, die das Wasser durch ihre Wurzeln aus der Erde aufnimmt und durch die Stiele bis in die Blätter transportiert, scheidet es dort über kleine Poren, die Stomata heißen, aus.

Stuhlkreisspiel Ich wachse

Alter: ab 2 Jahren Die Kinder sitzen im Stuhlkreis, ein Kind darf in die Mitte. Es spricht den Text selbst oder spricht ihn der Spielleitung nach und macht passende Bewegungen zum Text:

Ich bin das kleine Samenkorn.
in die Hocke gehen
Ich recke und strecke mich.
die Arme nach oben strecken
Ich werde langsam größer und größer.
langsam aufstehen
Ich wachse aus der Erde –
aufrecht stehen
meine Blätter entfalten sich und sie suchen nun dich.
Arme ausstrecken und auf ein Kind im Kreis zeigen.
Dieses Kind darf nun das Spiel vorspielen.

Die Massage

Etwas, das Kinder lieben, sind Rückenmassagen, die sie mit Geschichten, Versen und Liedern verbinden können. Davon gibt es eine große Auswahl, die z.B. passend zur Jahreszeit oder zu einem Thema Kindern großen Spaß machen.

Inmitten des oft hektischen Alltags, der von Aktionen und Erlebnissen geprägt ist, in dem auf die Kinder viele Sinnesreize einströmen und oft nur wenig Zeit zum Entspannen bleibt, ist es sehr wichtig, auch mal zu entschleunigen und sie zur Ruhe zu führen. Zudem fördert eine Körpermassage die Sinne der Kinder, vor allem den Tastsinn. Sie müssen vorsichtig sein, außerdem darauf achten, das Partnerkind dabei nicht zu verletzen. Sie üben also Rücksichtnahme. Zusätzlich wird die Fantasie der Kinder angeregt, wenn sie sich den Inhalt der Geschichte bildlich vorstellen und mit ihren Händen in angenehme Bewegungen umsetzen. Diese Massagen sind folglich nicht nur zum Wohlfühlen, sondern haben auch groß(artig)e Nebeneffekte.

Eine Pflanzgeschichte für den Rücken

Massage

Alter: ab 3 Jahren
Material: Turnmatten oder Decken

Ein Kind legt sich bäuchlings auf eine Matte, das Partnerkind setzt sich neben den Rücken des liegenden Kindes.

Hinweis: Lesen Sie die Geschichte langsam mit Pausen vor, damit die Kinder Zeit haben, die Massage durchzuführen.

Heute ist das Wetter so schön, da möchte ich im Garten Blumen für den Sommer pflanzen. Zuerst hacke ich mein Beet gut durch.

mit den Fingerspitzen vorsichtig den Rücken/das „Beet" hacken

Nun zupfe ich das Unkraut heraus und sammle alle Steinchen auf.

mit Zeigefinger und Daumen leicht „zupfen" und mit der ganzen Hand „sammelnd" über den Rücken streichen

Jetzt harke ich das Beet, damit es eben wird.

mit gespreizten Fingern einen „Rechen" formen und auf dem Rücken entlangfahren

Danach ziehe ich mit einem Stock eine lange Rinne für die Blumensamen.

mit dem Zeigefinger den Rücken entlangfahren

Nun lege ich nach und nach in die Pflanzrinne einzeln die Blumensamen hinein und drücke sie etwas fest.

mit dem Zeigefinger „beim Hineinlegen jedes Samens" leicht in den Rücken drücken

Die Samen bedecke ich mit Erde und mache die Rinne wieder zu.

mit beiden Händen über den Rücken streichen und so die Erde auf die „Samen" schieben bzw. die Rinne füllen

Jetzt hole ich die Gießkanne und begieße mit dem Brauseaufsatz vorsichtig meine frisch gesäten Samen.

mit gespreizten Fingerspitzen über den ganzen Rücken tippen

Die Sonne kommt heraus und scheint warm auf meine kleinen Pflanzen, damit sie wachsen können.

die beiden Handinnenflächen stark aneinanderreiben, dann wärmend auf den Rücken legen und etwas verweilen

Danach tauschen die Kinder die Rollen, damit sich alle Kinder einmal entspannt massieren lassen können.

Versuch Bohnen haben Kraft

Alter: ab 3 Jahren
Material: Gips, Wasser, Schüssel zum Anrühren des Gipses, durchsichtiger Plastikbecher, Bohnensamen

Bohnensamen entwickeln beim Keimen sehr viel Kraft, die sich sehen lassen kann!

Bei diesem Versuch werden die Bohnensamen nicht in Erde gepflanzt, sondern in Gips. Als Einstieg in die Aktion erfahren die Kinder, was Gips ist. Wenn möglich wird ihnen ein kleines Stück ausgehärteter Gips gezeigt.

Zuerst den Gips nach der Anleitung mit etwas Wasser anrühren. Dies ergibt einen zähflüssigen Gipsbrei, in den die Kinder ein paar Bohnensamen mischen. Den Brei füllen sie in einen durchsichtigen Plastikbecher, damit sie das Keimen der Bohnen besser beobachten können.

Jetzt müssen die Kinder Geduld beweisen und ein paar Tage warten, bis die Bohnen anfangen zu keimen. Am besten feuchten sie den festen Gips ab und zu etwas an, dann geht es schneller. Nach ca. 4 Tagen ist es so weit: Im Gips sind feine Risse zu sehen. Die Bohnen quellen, brechen auf und die neuen kleinen Pflanzentriebe wollen mit aller Kraft heraus. Sie sprengen den gehärteten Gips – manchmal sogar mitsamt Becher!

Wir säen

Kreatives Angebot

Kopieren Sie die folgende Abbildung für jedes Kind. Die Kinder schneiden die Bilder aus und bringen sie in die richtige Reihenfolge. Wenn sie wollen, malen die Kinder die Bilder farbig aus.

Alter: ab 4 Jahren
Material: für jedes Kind 1 Kopie der Abbildung, Schere, evtl. Buntstifte

Erlebnisturnen

Wir legen ein Blumenbeet an

Alter: ab 3 Jahren
Material: mind. 10 Bierdeckel und 1 Gymnastikstab pro Kind

Vorbereitung: Vor der Bewegungseinheit werden alle Bierdeckel im Raum verteilt. Die Kinder versammeln sich im Bewegungsraum und erfahren, dass sie in dieser Turnstunde gemeinsam ein Blumenbeet anlegen.

Heute ist ein so schöner Tag und wir wollen draußen ein neues Beet anlegen, ein Beet für Blumen. Kommt alle mit, wir gehen in den Garten.

Kinder laufen durch den Raum.

Oh, hier sieht es aber wild aus. Da müssen wir erst mal das Unkraut und die Steine entfernen.

Die Kinder sammeln die Bierdeckel auf und tragen sie in eine Ecke.

Zuerst hacken wir das Beet gut durch.

Kinder hacken mit den Stäben das „Beet".

Jetzt holen wir etwas neue Erde für unser Beet, damit die Pflanzen gut wachsen können. Dazu brauchen wir eine Schubkarre.

Ein Kind legt sich auf den Bauch und stützt sich mit den Armen ab. Das andere Kind nimmt die Beine wie Schubkarrengriffe in die Hände.

Wir fahren die Schubkarre zum Erdhaufen.

Das Kind „schaufelt Erde" auf den Rücken der „Schubkarre". (Zwischendurch können die Kinder wechseln.)

Und ab geht's ins Beet – die Erde ausstreuen.

Die Kinder verteilen die „Erde".

Jetzt nehme ich einen Stiel und ziehe eine lange Rinne für die Blumensamen.

Kinder nehmen sich einen Gymnastikstab und ziehen diesen über den Boden.

Nun verteilen wir in die Rinne unsere Blumensamen.

Die Kinder „streuen" Samen.

Mit der Schaufel verteile ich die Erde über den Samen und schließe die Rinne wieder.

Kinder schieben mit den Stäben die Erde.

Jetzt holen wir uns die mit Wasser gefüllten Gießkannen

Kinder laufen durch den Raum.

und gießen unsere Aussaat

Die Kinder „gießen" entlang ihrer fiktiven Pflanzrinnen.

So, fertig! Aber hatten wir vorhin nicht noch Steine? Die wären doch gut für einen Gartenweg geeignet.

Jedes Kind holt sich 10 Bierdeckel.

Legt damit einen schönen Weg.

Kinder legen eine Bierdeckelreihe.

Könnt ihr darauf gehen?

Kinder balancieren über die Bierdeckel.

So, unser Blumenbeet ist fertig. Jetzt müssen wir nur noch ab und zu gießen und abwarten, dass die Blumen wachsen und blühen.

Frühlingsblumen-Blumenfrühling

Blumen sind der Inbegriff des Frühlings. Überall grünt und blüht es und die vielen Farben und Formen bereiten uns allein durch ihren Anblick Freude und Wohlbefinden. Schon Anfang Februar stehen in den Supermärkten und Gärtnereien Töpfe mit vorgezogenen Tulpen, Narzissen und Hyazinthen. Mit solchen Pflanztöpfen holen sich die Leute den Frühling in die eigenen vier Wände.

Das wild wachsende Gänseblümchen und der Löwenzahn gelten bei Gärtnern oft als Unkraut, da sie sich unkontrolliert im Rasen, in den Beeten und sogar zwischen Steinen ausbreiten. Doch die Kinder lieben sie, die leuchtend gelben Blütenköpfe des Löwenzahns und die kleinen, weißen Sternchen des Gänseblümchens. Sie sind auch Farbtupfer, die den Frühling schöner machen. Der Löwenzahn verführt als Pusteblume nicht nur Kinder dazu, die Samenstände in den Wind zu blasen, und die Blütenköpfe des Gänseblümchens laden ein, daraus Blumenkränze zu flechten.

Betrachtung

Aufbau einer Pflanze

Alter: ab 4 Jahren
Material: 1 Löwenzahn, 1 Gartentulpe, 1 Gänseblümchen jeweils mit Wurzeln bzw. Knolle, Blumenerde, 3 Pflanztöpfe, evtl. Arbeitsblatt (Vorlage 2, Anhang S. 102)

Am Beispiel von Tulpe, Gänseblümchen und Löwenzahn lässt sich den Kindern der Aufbau von Pflanzen mit unterschiedlichem Wurzelwerk anschaulich erklären. Sie können sogar sehen, was und wie es unter der Erde wächst.

Vorbereitung: Vor dem Angebot sollte an dem Löwenzahn, dem Gänseblümchen und der Tulpe die an den Wurzeln anhaftende Erde entfernt werden. Dazu die Knolle und die Wurzeln einfach mit Wasser abspülen.

Die Kinder betrachten die drei Pflanzen und beschreiben so genau wie möglich das Aussehen von Wurzeln/Zwiebel, Stängel, Blättern und Blüten. Hierbei erfahren sie die Namen der Pflanzen und dürfen sie vorsichtig anfassen. Auch die Einzelteile der Pflanzen werden benannt und ihre Aufgaben erklärt.

Einfache Erläuterungen:

Wurzeln verankern die Pflanze im Boden. Außerdem nehmen sie mit ihren Wurzeln das lebenswichtige Wasser aus dem Boden auf.

Der Spross/Stängel trägt die Blätter und die Blüten. Er leitet Wasser von den Wurzeln durch die Pflanze.

Das Blatt verdunstet durch die Spaltöffnungen Wasser. Durch diesen Verdunstungssog wird Wasser aus Spross und Wurzel zu den Blättern transportiert.

Die Blüte selbst dient der Vermehrung. Aus ihr entstehen die Samen, aus denen man neue Pflanzen bilden kann.
Zum Schluss pflanzen die Kinder die drei Pflanzen in die bereitgestellten Töpfe.

Samen verbreiten sich

Versuch

Alter: ab 4 Jahren
Material: Pusteblume, Ahornsamen oder Bild eines Ahornsamens, Lupe, Kirsche, Klettband oder Schuh mit Klettverschluss

Samen breiten sich auf unterschiedlichste Weise aus. Bei dieser Beschäftigung bekommen die Kinder einen Eindruck davon, welche Möglichkeiten die Samen nutzen, damit sie sich verbreiten.

Zu Beginn stellt sich die Frage: „Können Samen fliegen oder wie entstehen neue Pflanzen?“ Die Kinder werden antworten: „Jemand muss sie säen.“ „Wer aber hat den Löwenzahn oder das Gänseblümchen auf der Wiese gesät?“ Gemeinsam wird nach Ausbreitungsstrategien der Samen gesucht. Dabei bietet es sich an, einige praktische Übung dazu zu machen.

… mit dem Wind

Um den Wind zu nutzen, gibt es verschiedene Strategien:

- Einige Pflanzen haben sehr kleine Samen, die bereits vom leisesten Windhauch mitgenommen werden.
- Andere Pflanzen versehen ihre Samen mit Segeln. Das sind meist größere Samen, die erst bei stärkerem Wind wegfliegen können. Zeigen Sie dies anhand einer Pusteblume: Die Kinder betrachten die Samen genau – am besten mit einer Lupe – und beschreiben, was sie erkennen. Der Samen sieht aus wie ein Schirm. Lassen Sie die Kinder mal pusten und beobachten, wie weit die Samen fliegen.
- Ein weiterer Flugsamen ist vom Ahorn. Geben Sie den Kindern die Ahornsamen oder zeigen ihnen ein Bild. Die Kinder beschreiben, was sie sehen: Flügel. Die Kinder werfen die Samen in die Luft und beobachten, wie sich die Samen nach unten drehen.

… über Tiere

Zeigen Sie den Kindern eine Steinfrucht, z.B. eine Kirsche. Einige Kinder werden wissen, dass der Samen innerhalb der schmackhaften Hülle ist.

Welche Tiere fressen die Kirschen? Die Vögel. In den meisten Fällen fressen die Vögel die Früchte ganz und scheiden dann die Samen unversehrt an einem anderen Ort wieder aus. So kann ein neuer Kirschbaum an einem anderen Ort wachsen.

Aber auch andere Tiere tragen so die Samen weiter. Einige Pflanzen haben Kletten-Samen entwickelt, die mit kleinen Haken versehen sind und im Fell von Säugetieren hängen bleiben. So werden die Samen einige Zeit herumgetragen und fallen irgendwann von alleine oder beim Schütteln wieder heraus. Auch wir Menschen tragen die Samen weiter, in den Ritzen unserer Schuhsohlen oder wenn wir über eine Wiese gehen an unserer Kleidung. Zeigen Sie das Prinzip ganz einfach mit einem Klettband.

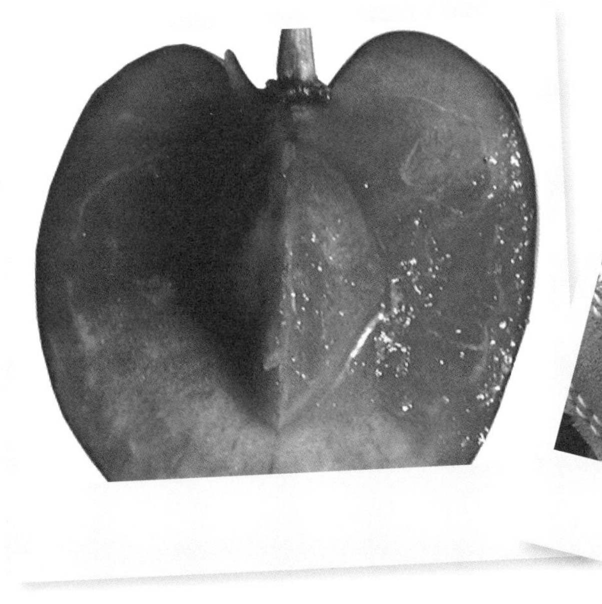

Auch die Eicheln und Nüsse werden von Tieren an einen anderen Ort gebracht. Das Eichhörnchen sammelt diese Früchte und legt sich einen Wintervorrat an. Wenn es sein Versteck vergisst, kann im nächsten Frühjahr die Frucht keimen – daraus kann ein neuer Baum an anderer Stelle entstehen.

… mit dem Wasser

Pflanzen wie z. B. der Wasserhahnenfuß, die direkt am Wasser wachsen, wählen den kürzesten Weg und entwickeln leichte, schwimmfähige Samen, deren Hüllen mit Luft gefüllt sind. Sie lassen sich im Wasser treiben und wenn sie ans Ufer kommen, siedeln sie sich dort neu an.

Steckbrief

Die Tulpe

Von der Tulpe gibt es über 150 Sorten, die der Familie der Liliengewächse angehören. Aus Wildformen entwickelten sich durch Züchtungen im Orient die heute bei uns weit verbreiteten Gartentulpen. Sie sind mehrjährige, zwiebelbildende Pflanzen.

Aussehen: Die Wuchshöhe ist bis zu 60 cm. Ihre auf dem Boden stehenden Blätter sind etwa 30 cm lang und nach oben hin spitz. Sie haben je nach Sorte einen gewellten oder glatten Rand. Die Tulpe hat einen fleischigen Stängel. Die Blüte besteht aus sechs runden Blütenblättern, die einen Kelch bilden. Die kelchförmigen, einzeln stehenden Blüten erscheinen in vielen verschiedenen Farben. Neben pinken, orangen, roten, hellgrünen, gelben und weißen Tulpenblüten sind durch Züchtungen auch gefleckte, gestreifte und marmorierte Varianten entstanden. Besonders attraktiv sind die sogenannten Papagei-Tulpen, die vor allem in der Farbkombination Blau-Rot-Gelb verbreitet sind und gewellte Blütenblattränder aufweisen.

Vermehrung und Pflege: Diese robuste und genügsame Pflanze kann problemlos auch im eigenen Garten kultiviert werden. Die Zwiebel wird im September oder Oktober in einer Tiefe von etwa 15 cm eingegraben. Sie braucht jedoch einen durchlässigen Boden. Die Zwiebel stirbt nach der Blüte ab und bildet eine Tochterzwiebel, die in der darauffolgenden Saison austreibt und blüht. Die welken Blüten sollten umgehend entfernt, die Blätter jedoch erst abgeschnitten werden, wenn das Laub vollständig eingetrocknet ist. Sie sollte regelmäßig gegossen werden, verträgt aber keine Staunässe, da sonst die Zwiebel fault. Die Tulpenzwiebeln können auch in Blumentöpfe gepflanzt werden, hier darauf achten, dass sie vor großem Frost geschützt werden. Werden sie Anfang Februar in die Wohnung geholt, bringen sie bald schon den Frühling ins Zimmer.

Standort: Tulpen lieben einen sonnigen bis halbschattigen Standort. Da die Tulpe nur zur Dekoration genutzt wird, wird sie meistens geschnitten, wenn die Blüten noch nicht geöffnet sind.

Verwendung: In bunten frühlingshaften Sträußen kommen Tulpen am besten zur Geltung.

Kinder und Tiere sollten von Tulpen ferngehalten werden, da das in diesen Pflanzen enthaltene Tulipanin toxisch ist. Unabsichtlicher Verzehr von Zwiebeln oder Pflanzenmaterial führt zu Vergiftungen, die sich in Krämpfen und Erbrechen zeigen!

Geschichte

Eine kleine weiße Tulpe

Alter: ab 3 Jahren

In einem wunderschönen Garten gab es ein riesiges Tulpenbeet. Die Frühlingssonne schien seit einigen Tagen schon richtig warm und lockte alle Tulpen aus der Erde, um ihre Blüten zu entfalten. Sie blühten in allen Farben. Es gab rote, gelbe, violette, orange, pinke und sogar blaue Tulpen. Alle waren in etwa gleich groß gewachsen. Doch wenn man genau hinschaute, entdeckte man zwischen all den bunten Farben eine Tulpe, die anders war. Sie war kleiner und schmächtiger als die anderen und hatte keine Farbe – sie war weiß. Deshalb wurde sie von den anderen immer geärgert. „Mal sehen, wie sie mich heute wieder ärgern", dachte das kleine Tulpenblümchen, als es zu den anderen Tulpen im Blumenbeet aufschaute. Die kleine weiße Tulpe spürte, wie die anderen Tulpen auf sie herabblickten, und wusste, was folgte: Die Tulpen hatten sich wieder etwas ausgedacht und konnten es kaum erwarten, es loszuwerden. So fingen sie an damit zu prahlen, was an ihnen so besonders schön und wichtig ist. Sie erzählten von ihren wunderschönen Blütenfarben, der eleganten Form, dem kerzengeraden Stängel und ihren starken Wurzeln. „Schon viele berühmte Künstler haben uns gemalt", brüstete sich eine von ihnen, „aber eine weiße war da nie dabei!" Natürlich blickten sie mal wieder auf die kleine weiße Tulpe herab und lachten sie dazu auch noch aus! Die Kleine traute sich nicht, sich zu wehren. Sie ließ traurig den Kopf hängen und wartete, welche Gemeinheit jetzt noch kommen würde. Doch bevor sie weiter loslegen konnten, kam ein starker Wind auf. Die Tulpen mussten mit all ihrer Kraft gegen diesen Wind ankämpfen. Als er endlich abflachte, waren die bunten Tulpen richtig erschöpft, so sehr hatte es sie angestrengt, nicht vom Wind abgeknickt zu werden. Nur die kleine weiße Tulpe hatte Glück gehabt. Weil sie umringt von den anderen stand und dazu viel kleiner war, hatte sie vom starken Wind fast nichts gespürt. Sie lächelte in sich hinein, als sie merkte, dass die anderen Tulpen keine Kraft mehr hatten, sie zu ärgern. Lange konnten die Tulpen sich aber nicht ausruhen, denn der Wind hat eine riesige Regenwolke über das Tulpenbeet geblasen und es fing heftig an zu regnen.

Ab und zu ein leichter Regen war ja gut und nützlich. Total verkehrt war aber jetzt dieser Platzregen. Nur mit Mühe gelang es den Tulpen, das angesammelte Wasser aus ihren Blütenkelchen zu befördern. Nur eine konnte sich über den Regen freuen, die kleine weiße Tulpe. Denn sie bekam vom Regen nur so viel ab, wie sie für ihre Wurzeln brauchte. Auch ihr Blütenkelch füllte sich nicht mit Wasser. Was denkt ihr, warum? Die großen Tulpen hielten den Regen wie ein Schirm von ihr ab.

Als nun der Regen vorbei war, erholten sich die großen Tulpen bald wieder und wollten mit ihrem Spiel, die kleine weiße Tulpe zu ärgern, weitermachen.

Da sagte die Kleine mit kräftiger Stimme: „Stopp, jetzt bin ich mal dran." Erstaunt blickten die Bunten auf sie runter, was sollte das denn? Was hatte denn die weiße Tulpe ihnen zu sagen? „Ihr ärgert mich immer, nur weil ich ein bisschen anders bin. Dabei sehe ich genauso aus wie ihr! Meine Stängel und meine Blätter sind genauso grün wie eure, nur nicht so groß. Mein Blütenkelch sieht auch genau wie eurer aus, nur ist eurer rot, gelb, orange, pink, violett oder blau, meiner ist halt weiß, na und. Jetzt sag ich euch was: Als der Wind kam, musste ich mich nicht anstrengen. Und als der Regen kam, musste ich meinen Blütenkelch nicht dauernd ausleeren." Die großen Tulpen blickten erstaunt. Stimmt! Sie hatten immer über die weiße und kleine Tulpe gelästert, aber dass sie es besser hatte als sie alle, daran hatten sie nicht gedacht. Dass sie die anderen so verblüffen konnte, das freute die kleine Tulpe sehr. „Du hast recht", meldete sich die blaue Tulpe zu Wort, „es war nicht richtig, dass wir dich geärgert haben. Wir sollten eigentlich Rücksicht aufeinander nehmen und gegenseitig unsere

Stärken und Schwächen respektieren." Damit sprach sie aus, was alle anderen auch dachten. Jede von ihnen nahm sich vor, nicht mehr so gemein zu sein. So konnte sich auch die kleine weiße Tulpe freuen, denn statt sich gegenseitig zu ärgern, erzählten sich die Tulpen witzige Geschichten – und konnten endlich alle gemeinsam lachen.

Tulpe mit Transparentpapier

Kreatives Angebot

Beim Prickeln bzw. Ausprickeln werden entlang einer Linie mit einer Nadel, der Prickelnadel, kleine Löcher in ein Stück Pappe oder Papier gestochen, sodass sich dieses herauslösen lässt. Damit sich die Prickelnadel besser durchstechen lässt, wird dabei meistens auf einer dünnen Schaumstoffunterlage oder einer Teppichfliese gearbeitet.

Alter: ab 3 Jahren
Material: Tonpapier und Transparentpapier (verschiedene Farben), grünes Tonpapier, Stift, Kleber, Schere, Prickelnadel, Unterlage, Kopiervorlage Tulpe (Anhang S. 103)

Die Vorlage der Tulpenblüte (s. Anhang S. 103) auf Tonpapier übertragen. Zunächst die Tulpe innen ausprickeln, dann das Innenteil vorsichtig entfernen.

Anschließend das Transparentpapier über das entstandene Loch kleben, am besten nicht auf der Seite, wo die Außenlinie der Tulpe aufgezeichnet ist. Die Tulpe nun nur noch an der Linie ausschneiden. Größere Kinder können auch den Innenteil ausschneiden. Jetzt zwei Stiele und vier Blätter aus dem grünen Tonpapier schneiden. Beide Stiele und die Blätter ans Fenster kleben. An einem Stiel wird die Transparentblume und am anderen der ausgeprickelte Teil angeklebt.

Kreatives Angebot 3D-Tulpe

Alter: ab 4 Jahren
Material: Tonkarton (grün für Blätter und verschiedene Farben für die Blüten), Bleistift, Schere, Kleber, Schaschlikspieß, grünes Krepppapier, Vorlage Tulpe (Anhang, S. 103)

Für eine Blüte:

- Die Vorlage der Blüte viermal auf Tonpapier einer Farbe übertragen und ausschneiden.
- Die vier Blütenblätter in der Mitte falten und so aneinanderkleben, dass das erste Blütenblatt mit dem letzten Blütenblatt zusammengeklebt wird.

Als Tulpenstängel dient ein mit grünem Krepppapier umwickelter Schaschlikspieß. An diesem Stängel werden zwei Blätter befestigt. Nun noch den Spieß zwischen die Blüte stecken und mit Kleber fixieren.

Die Tulpen wirken einzeln oder – wenn viele gebastelt wurden – als Strauß in einer Vase.

Tulpenbeet

Kreatives Angebot

Zunächst drucken die Kinder mit bunter Farbe und den Gabeln die Blüten der Tulpen. Dabei für jede Farbe eine neue Gabel nehmen. Die Gabel mit Farbe bestreichen und den Zinken auf das Blatt drücken. Hierbei müssen die Kinder beachten, dass die Tulpenblüte noch einen Stängel und Blätter bekommt. Diese malen sie an jede Blüte mit einem Pinsel und grüner Farbe.

Alter: ab 3 Jahren
Material: Gabeln, Fingerfarbe (rot, gelb, lila, grün), Papier, Pinsel

Weiße Tulpe wird bunt

Versuch

Nicht, dass eine weiße Tulpe nicht schön anzusehen ist, aber für die Kinder ist es sehr spannend mitzuerleben, wie sich ihre Blütenblätter langsam einfärben, wenn sie eine Weile in farbigem Tintenwasser steht.

Alter: ab 3 Jahren
Material: Gläser, Tinte (Füllerpatronen) oder Lebensmittelfarben in verschiedenen Farben, pro Farbe 1 weiße Tulpe, Messer

Für jede Farbe ein Glas mit Wasser bereitstellen. In jedes Glas die Farbe von drei bis sechs Tintenpatronen hineingeben. Je mehr Farbe im Wasser ist, desto dunkler wird die Blüte sich färben. Die Tulpen frisch anschneiden und jeweils in ein Glas mit dem gefärbten Wasser stellen. Jetzt heißt es warten und beobachten. Bereits nach zwei Stunden sind die Blütenränder etwas gefärbt – und nach einem Tag erstrahlt die ganze Blüte in ihrer neuen Farbe.

Erklärung: Das Experiment zeigt, wie die Tulpen das farbige Wasser „trinken". Pflanzen besitzen ein Transportsystem aus Röhren. So können sie Wasser und auch Nährstoffe transportieren. Die Röhren für den Transport nach oben saugen das Wasser an und bringen dieses von den Wurzeln zu den oberirdischen Pflanzenteilen. Da in unserem Experiment die Tinte im Wasser aufgelöst ist, nimmt die Tulpe diese zusammen mit dem Wasser auf und transportiert sie in den Leitbündeln zu den Blütenblättern.

Welche Frühlingsblume ist nach dem Experiment verschwunden? Die Weiße!

Malgeschichte

Ein Tulpenbeet wird bunt

Alter: ab 4 Jahren
Material: 1 Malvorlage (Anhang S. 105) und Stifte (rot, orange, gelb, grün, hellblau, dunkelblau und lila) für jedes Kind

Die Kinder sitzen an einem Tisch. Sie bekommen jeweils eine Malvorlage und dazu die passenden Stifte. Lesen Sie die Geschichte einmal vor.

Erklären Sie den Kindern die Aufgabe und lesen Sie die Geschichte ein weiteres Mal. Je nach Gruppe entscheiden Sie, ob Sie nach jeder Nennung einer neuen Farbe innehalten oder die Geschichte am Stück vorlesen und die Kinder das Bild anschließend aus dem Gedächtnis ausmalen.

In einem Garten standen einmal sieben Tulpen. Sie sahen alle gleich aus: Alle hatten die gleichen grünen Blätter und ihre Blüten waren weiß.

An einem sonnigen Tag regnete es auf das Tulpenfeld. Durch die Sonne und den Regen bildete sich über den Tulpen am Himmel ein wunderschöner, bunter Regenbogen: Die Farbe des ersten Bogens war rot, dann kam orange, dann gelb, grün, hellblau, dunkelblau und der letzte leuchtete lila.

Da seufzte die erste Tulpe: „Ach, könnte ich doch auch so schön rot sein! Dann müsste ich nicht so aussehen wie alle anderen."

Der Regenbogen hörte das leise Jammern. Er hatte Mitleid mit der weißen Tulpe und so gab er ihr etwas seiner roten Farbe ab. Von da an strahlte die Tulpe in leuchtendem Rot.

Als die anderen sechs Tulpen das sahen, blickten sie neidisch auf die rote Tulpe. Gut gelaunt gab diese ihnen folgenden Rat: Bittet doch auch den Regenbogen um etwas Farbe – nur rot dürft ihr nicht werden! Und sie hatten Glück! So wurde die zweite Tulpe orange, die dritte gelb, die vierte grün, die fünfte hellblau, die sechste dunkelblau und die siebte – die letzte in der Reihe – lila.

Ein wunderschönes buntes Tulpenbeet war entstanden, das von allen bewundert wurde.

Mitmachgeschichte

Der Weg zum Tulpenbeet

Alter: ab 3 Jahren

Bei einer Mitmachgeschichte geht es gleich zweimal um das Aktivsein: Zuhören und Mitmachen. In erster Linie sollen diese Geschichten den Kindern Spaß bereiten, deshalb sind sie leicht verständlich formuliert. Die folgende Geschichte kann mit der ganzen Kindergruppe im Sitzen und im Stehen gespielt werden.

An einem schönen Frühlingstag möchte Carolin in den Garten gehen. Dazu öffnet sie die Gartentür.

Handbewegung „Tür öffnen"

Sie geht über den gepflasterten Steinweg …

auf der Stelle Schritte machen

und ein kleines Stückchen übers Gras.

Hände aneinanderreiben und ganz leise auftreten

Die Sonne lacht vom Himmel herab …

beide Hände über den Kopf halten

und die Vögel zwitschern.

pfeifen

In Carolins Garten ist ein kleiner Teich. Darin schwimmen schon richtig munter die Fische umher.

Handflächen aneinanderlegen und schwimmende Fische nachahmen

Sie streckt ihre Hand ins Wasser und macht vorsichtig Wellen.

eine Hand fährt vor dem Körper hin und her

Carolin geht weiter.

auf der Stelle Schritte machen

Bei einem Baum, da muss sie sich bücken, denn dort hängen die Zweige ganz tief.

nach vorne beugen

Beim nächsten Baum sind die Äste hoch gewachsen, da muss sie sich strecken, um sich ein Blatt zu holen.

die Arme nach oben strecken

Der Weg führt sie über eine kleine Brücke.

etwas stampfen (laute Schritte machen)

Nun steht Carolin vor dem Tulpenbeet. Viele Tulpen sind gewachsen, sie will sich einen schönen Strauß pflücken.

mit den Händen immer wieder zum Boden greifen

Mit ihrem bunten Strauß in der Hand geht sie nach Hause.

beide Hände zusammenhalten und auf der Stelle Schritte machen

Zu Hause stellt Carolin die Blumen in eine Vase – welch ein schöner Anblick!

Tulpe falten

Kreatives Angebot

Alter: ab 4 Jahren
Material: farbiges Faltpapier (15 x 15 cm), 1 Blatt Tonpapier, Stifte, Kleber

Die Kinder benötigen für jede Tulpenblüte ein farbiges Papierquadrat. Das falten sie diagonal zur Hälfte zu einem Dreieck. Das entstandene Dreieck nochmals zur Hälfte falten und wieder öffnen. Somit hat das Papier erneut die Form des ersten Dreiecks. Die seitlichen Spitzen des Dreiecks jeweils zunächst zur Mitte auf den Mittelfalz legen, dann etwas nach außen schieben und so falten, dass die Tulpenform entsteht.

Jetzt ist die erste Tulpenblüte gefaltet und wird auf das Tonpapier geklebt. Die Tulpenblätter und der -stiel werden einfach mit Stiften aufgemalt. Jedes Kind kann selbst bestimmen, wie viele Blüten es falten möchte.

Alter: ab 4 Jahren
Material: für jedes Kind 1 A4-Kopiervorlage Tulpenpuzzle, Schere

Tulpenpuzzle

Schneide die vier Teile der Tulpe aus und setze sie richtig zusammen.

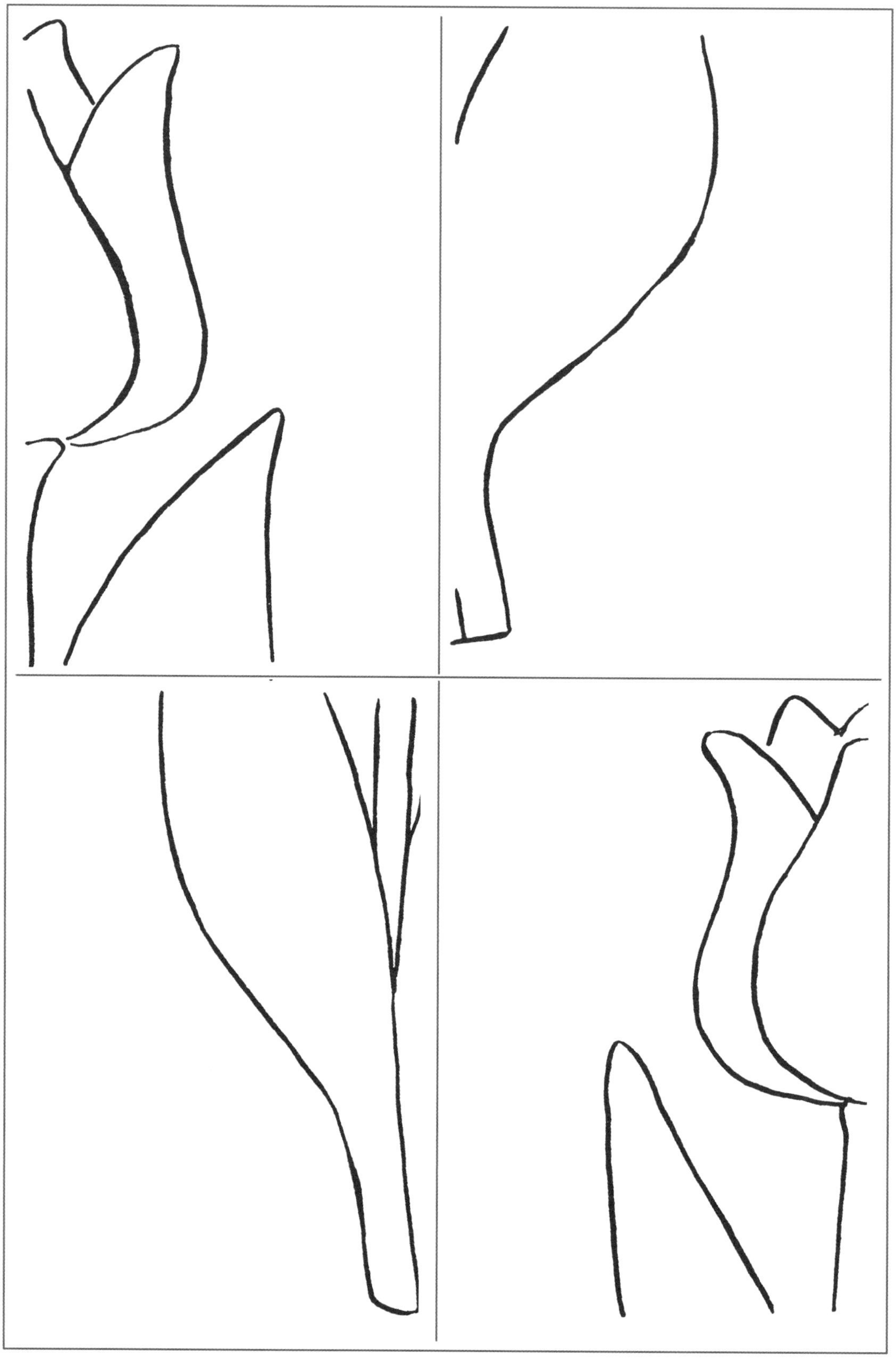

Steckbrief

Der Löwenzahn

Der Löwenzahn ist auch als Butterblume oder Kuhblume ein Begriff, die Kinder kennen ihn bestimmt als Pusteblume.

Er zählt mit zu den bekanntesten und häufigsten Wildkräutern und wird oft auch als Unkraut bezeichnet. Löwenzahn ist eine mehrjährige Pflanze, wächst wild, kann aber auch angepflanzt werden.

Aussehen: Der Löwenzahn hat eine sehr ausgeprägte Pfahlwurzel, die 30 cm in die Erde reichen kann. Die Wuchshöhe der Blume erreicht 15–45 cm. Besonders auffällig sind die gezahnten, dunkel- bis hellgrünen Blätter des Löwenzahns, die bis zu 25 cm breit und 40 cm lang werden können. Sowohl die Stängel als auch die Leitgefäße der Blätter enthalten den charakteristischen Milchsaft.

Die Blüten des Löwenzahns sind in typischen Blütenkörben angeordnet und blühen für gewöhnlich von Anfang April bis Anfang Juli. Der Blütenstand des Löwenzahns ist eine Scheinblüte, die nur den Anschein erweckt, es sei eine einzige Blüte vorhanden. Im Falle des Löwenzahns bilden 200 bis 300 einzelne gelbe Zungenblüten eine solche Scheinblüte. Wenn diese Zungenblüten verblüht sind, entwickeln sie sogenannte Achänenfrüchte, die mit einem Flugschirm ausgestattet sind. Durch diese Ausstattung können sich die länglichen Samen problemlos mit dem Wind ausbreiten. Da sich die Flugschirme leicht durch Pusten vom Blütenkopf lösen lassen, nennt man diesen Zustand des Löwenzahns auch Pusteblume.

Aussaat und Pflege: Der Anbau von Löwenzahn ist grundsätzlich sehr einfach. Die beste Zeit zur Aussaat sind die Monate März bis Ende Mai. Die Samen nicht tiefer als 1 cm in den Boden drücken. Wird im Gartenbeet angepflanzt, ist ein Saatabstand von wenigstens 30 cm empfehlenswert. Die Keimlinge erscheinen in der Regel nach zwei bis drei Wochen. Wer im Blumentopf pflanzt, sollte wegen der langen Pfahlwurzel tiefe Töpfe benutzen. Der Löwenzahn sollte regelmäßig gegossen werden.

Standort: Am besten wächst der Löwenzahn in sonnigen und halbschattigen Lagen. In sonnigen Lagen wächst Löwenzahn meist besser.

Erntezeit: Vom Pflanzen bis zur Blüte dauert es ca. sechs Wochen.

Verwendung: Löwenzahn ist eine Heilpflanze, deren Teile – Blüten, Wurzeln und Blätter – alle verwendet werden können. Die Wirkung wird vor allem bei Nierenleiden geschätzt. Auch in der Küche ist Löwenzahn ein Alleskönner. Beliebt und vor allem gesund sind Salate aus den jungen Blättern. Viele nutzen ihn auch als Spinatersatz, geben ihn Gemüsegerichten bei oder stellen Tee aus den Wurzeln her. Die Blätter schmecken leicht herb und sind als Zutat in Kräuterbutter oder Brot beliebt.

Kreatives Angebot

Löwenzahn-Druck

Alter: ab 3 Jahren
Material: 1 weißes Blatt Papier, grüne und gelbe Fingerfarbe, Pinsel, 1 Kuchengabel

Zunächst malen die Kinder mit dem Pinsel und grüner Farbe den Stängel und die gezahnten Blätter des Löwenzahns. Anschließend nehmen sie die Gabel, bestreichen die Zinken mit etwas gelber Farbe und „stempeln" immer wieder oberhalb des Stängels im Halbkreis die Blüten des Löwenzahns auf.

Fingerspiel

Löwenzahn werde ich genannt

Alter: ab 2 Jahren

Löwenzahn werde ich genannt.
Aber kann ich brüllen wie ein Löwe?
Mund weit aufmachen und brüllen
Nein!
Hab ich große Tatzen und Krallen wie ein Löwe?
Hände nach vorne strecken und die Finger krümmen
Nein!
Habe ich eine Mähne um den Kopf wie ein Löwe?
mit der Hand um den Kopf fahren
Nein!
Ja, warum heiß ich denn dann Löwenzahn?
Na, weil deine Blätter so scharf gezackt sind wie die Zähne
im Gebiss eines Löwen!
alle Zähne zeigen

Löwenzahn in unserem Garten

Klanggeschichte

Alter: ab 3 Jahren
Material: Handtrommel, Schellenkranz, Triangel, Rassel, Klanghölzer, Glockenspiel, evtl. Bildkärtchen der Schlagworte

Lesen Sie den Kindern die Geschichte einmal vor. Ausgehend von den Erfahrungen der Kinder mit Instrumenten, stellen Sie diese vor und lassen sie auch ausprobieren. Danach ordnen Sie den festgelegten Schlagworten Instrumente zu, hier können die Bildkärtchen zum Einsatz kommen.

Die Geschichte wird ein zweites Mal vorgelesen und die Kinder spielen an der passenden Stelle ihr Instrument. Um den Einsatz zu gewährleisten, hat sich Blickkontakt zu den Kindern bewährt.

So können die Instrumente zugeordnet sein:

Max	Handtrommel	Garten	Klanghölzer
Mutter/Mama	Schellenkranz	Blume	Triangel
Sonne	Glockenspiel	Löwenzahn	Rassel

Eines Morgens – **Max** *lag noch in seinem Bett und schaute aus dem Fenster – da musste er blinzeln, denn die* **Sonne** *schien bereits in sein Zimmer hinein.*

„Juchhu!", freute sich **Max**, *„da kann ich ja gleich im* **Garten** *spielen." Schnell zog* **Max** *sich an und rannte hinaus in den Garten. Die* **Sonne** *schien schon richtig warm vom Himmel.* **Max** *lief den Gartenweg entlang und bewunderte die blühenden* **Blumen** *. Aber was war das? Da lugte doch etwas aus einem Spalt im Gartenweg!* **Max** *bückte sich, um die* **Blume** *genauer zu untersuchen. Sie hatte gezackte Blätter und einen gelben Kopf, so strahlend gelb wie die* **Sonne**. *Könnt ihr* **Max** *helfen und ihm verraten, um welche* **Blume** *es sich handelt? Richtig, es ist ein* **Löwenzahn**! *Aber wo kam dieser* **Löwenzahn** *denn her?* **Max** *hatte ihn nicht gepflanzt und seine* **Mama** *bestimmt auch nicht. Als* **Max** *sich im* **Garten** *weiter umschaute, sah er hier einen* **Löwenzahn** *und dort einen* **Löwenzahn**. *Der* **Löwenzahn** *hatte sich im ganzen* **Garten** *verteilt.* **Max** *rief nach seiner* **Mutter**, *um ihr den* **Löwenzahn** *zu zeigen. Die* **Mutter** *kam aus dem Haus gelaufen und stellte sich zu* **Max**.

Sie gab einen tiefen Seufzer von sich und rief: „Oh je, ein **Löwenzahn**! *Ach,* **Max**, *den habe ich nicht in unseren* **Garten** *gepflanzt und* **Löwenzahn** *lässt sich gar nicht so leicht wieder aus unserem* **Garten** *vertreiben.*

Die gelben **Blumen** *sehen ja sehr hübsch aus, nicht wahr? Aber leider ist es ein Unkraut und keine richtige* **Blume**. *Wenn er zu einer Pusteblume wird, dann verteilt er sich mit dem Wind noch mehr in unserem* **Garten**.*" „Und was machen wir jetzt?", fragte* **Max**. *„Wir holen uns eine Schaufel und graben den* **Löwenzahn** *aus", antwortete die* **Mutter**. *Beide liefen durch den* **Garten** *und holten sich zwei Schaufeln. Die* **Sonne** *begleitete sie auf ihrem Weg durch den* **Garten** *und als sie sich an die Arbeit machten. Irgendwie wurde* **Max** *richtig traurig und er fragte seine* **Mama**: *„Müssen wir eigentlich den ganzen* **Löwenzahn** *wegwerfen?" „Eigentlich nicht! Aus den Blüten können wir eine leckere Marmelade kochen und aus den Blättern einen Salat machen", erwiderte die* **Mutter**. *Nun arbeitete* **Max** *ganz eifrig weiter, denn Marmelade und auch Salat aß er gerne. Bald hatten* **Max** *und seine* **Mama** *allen* **Löwenzahn** *von den Wegen, der Wiese und zwischen den* **Blumen** *entfernt und machten sich auf den Weg in die Küche, um Marmelade zu kochen und den Salat vorzubereiten.*

Tipp: Wenn Sie mit Bildkärtchen arbeiten, erkennen die Kinder leichter die Schlagworte im Text und das Verteilen der Instrumente wird einfacher. Der Garten und die Blumen können mehrfach besetzt werden, dadurch können mehr Kinder mitspielen.

Bewegungsgeschichte

Der Löwenzahn ist aufgewacht

Alter: ab 3 Jahren

Über Nacht wurde es warm im Land. Der Frühling hielt Einzug. Die Vögel fingen an, ihre ersten Frühlingslieder zu zwitschern.

Alle Kinder liegen auf dem Boden und schließen die Augen.

Auch der Löwenzahn wurde lebendig. Er reckte und streckte sich.

Die Kinder strecken sich auf dem Boden liegend und gähnen.

Seine kleinen Triebe wurden immer länger. Am Wegrand streckte der erste grüne Stängel seine Spitze in die Luft. „Beeilt euch!", rief er den anderen zu, „die Sonne scheint schon so warm. Die Erde duftet. Und wie erst die warmen Regentropfen schmecken! Schnell! Heraus mit euch!"

Die Kinder stehen auf und strecken und recken sich.

Die Sonnenstrahlen gaben sich alle Mühe, das Erdreich zu erwärmen: Sie huschten unter die Sträucher, drangen durch die Blattknospen und die Rinde der Bäume und kitzelten die vielen kleinen Mücken und Fliegen wach. Dazu sangen sie ihr Sonnenstrahlenlied: „Wir kitzeln euch, wir kitzeln euch, wann seid ihr endlich aufgewacht? Sie ist vorbei, sie ist vorbei, die lange dunkle Winterzeit."

Alle Kinder laufen durch den Raum, berühren dabei Gegenstände und „kitzeln" sie.

Seht, wie die kleinen Marienkäfer hurtig über die Blätter flitzen, ihre kleinen roten Flügel öffnen und abheben.

mit ausgebreiteten Armen durch den Raum fliegen

Ameisen krabbeln geschäftig über die Steine, übers Gras und über die Wiese.

durch den Raum krabbeln

Bienen summen und machen sich auf den Weg, den ersten Honig zu sammeln.

Die Kinder summen und fliegen durch den Raum.

Und die Löwenzahntriebe am Rande des Weges wachsen und wachsen. Sie strecken ihre schönen, langen und gezackten Blätter hervor. Ihre Knospen werden dicker und dicker. Auf einem Stängel thront sogar schon eine Blüte!

Die Kinder bleiben stehen und formen über dem Kopf einen Blütenkelch.

Und wieder sangen die Sonnenstrahlen ihr Sonnenstrahlenlied: „Wir kitzeln euch, wir kitzeln euch! Heraus aus eurem Winterloch, nun reckt und streckt euch endlich doch!"

„Hört auf mit eurem albernen Kitzellied!", riefen die Löwenzahnwurzeln. „Ihr solltet mal so eng in der Erde stecken wie wir, dann würde euch auch das Singen vergehen!"

Die Kinder machen sich ganz klein.

Die Sonnenstrahlen wurden ganz traurig, als sie verstanden, warum die Löwenzahnwurzeln so sauer waren. Die Menschen haben die schöne Erde gepresst und zugepflastert. „Wir sagen den Sanddornbüschen Bescheid! Die haben in ihren Wurzeln ganz gewaltige Kräfte", sagten die Sonnenstrahlen zum Löwenzahn, „die werden euch helfen."

Die Sanddornbüsche nickten zustimmend mit ihren Stachelzweigen und machten sich groß und breit.

Die Kinder stehen auf und bewegen sich als starke „Muskelmänner" bzw. starke „Muskelfrauen".

Sie trieben zu beiden Seiten des Weges lange Wurzeln unter den Asphalt. Sie reckten und dehnten sich nach oben, sie rückten und schoben den ganzen Tag. Sie gönnen sich keine Ruhe, sogar in der Nacht, sind sie eifrig bei der Arbeit.

Die Kinder graben, drücken und schaufeln Erde.

Und da war schon der erste kleine Buckel über dem Asphalt zu erkennen. „Schnell! Schnell!", riefen die Sanddornwurzeln. „Wenn wir uns nicht beeilen, ersticken uns alle kleinen Löwenzahnpflanzen!" Als der Morgen kam, waren schon viele Spalten und Risse im Asphalt zu sehen. Die Sonnenstrahlen riefen:

„Schneller, schneller, ihr schafft das, der Weg ist gleich frei.“

Die Kinder graben schneller.

Geschafft, der Weg ist frei! Kommt nun und streckt eure grünen Köpfchen raus.“ So kam es, dass schon nach kurzer Zeit der ganze Weg mit den gelben Tupfen der Löwenzahnblüten übersät war, die sich schon bald in viele silbrig leuchtende Schirmchen wandelten.

Die Kinder stehen auf der Stelle und halten die Hände erst geschlossen,
mit gespreizten Fingern über den Kopf.

Die Sonnenstrahlen riefen den Schirmchen zu: „Nun segelt mit dem Wind in die Welt hinaus, fliegt über Wiesen und Felder. Bald grünt ihr an einem anderen Ort!

Die Kinder laufen durch den Raum und legen sich an einem Platz auf den Boden.

Und im nächsten Frühjahr werden wir wieder überall Löwenzahn finden!

Der Milchsaft

Der blattlose Blütenstiel des Löwenzahns, der bis zu 45 cm hoch werden kann, ist innen hohl. Wird er abgebrochen oder abgeschnitten, so tritt ein milchiger Saft aus. Dieser sollte entfernt werden. Der klebrige Milchsaft im Löwenzahn schadet zwar nicht, verfärbt aber die Haut bräunlich. Die Blätter des Löwenzahns, die auch ein wenig Milchsaft enthalten, sind eine sehr gesunde Beigabe zum Frühlingssalat.

Nur in ganz seltenen Fällen kann es bei Berührung zu Hautreizungen kommen.

Versuch Löwenzahnbrunnen

Alter: ab 4 Jahren
Material: 2 dicke stabile Löwenzahnstängel, Joghurtbecher, kleine spitze Schere o. Ä. (zum Löcher bohren), evtl. Klebeband, Wasser, Glas

Für diese Beschäftigung werden nur die Stiele des Löwenzahns gebraucht.

Bohren Sie knapp über dem Boden des Joghurtbechers ein kleines Loch. Die Kinder stecken das Ende eines Löwenzahnstängels in dieses Loch, das andere Ende lassen sie in das Glas hängen. Wenn nötig, dichten sie das Loch noch mit etwas Klebeband ab. Sobald die Kinder ihren Joghurtbecher mit Wasser füllen und etwas höher aufstellen als das Glas, sprudelt das Wasser aus dem Becher in das Glas. Wie lange funktioniert die Wasserleitung, wenn die Kinder mehrere Stängel vorsichtig aneinanderreihen?

Der Löwenzahn

Malgeschichte

Alter: ab 4 Jahren
Material: Buntstifte, Malblätter

Die Kinder setzen sich an einen Tisch und jedes bekommt ein weißes Blatt. Während die Rätselgeschichte vorgelesen wird, malen die Kinder, was sie hören. Das Malen hilft ihnen, das Rätsel zu lösen, um welche Pflanze es sich handelt. Legen Sie schon beim Vorlesen ausreichend lange Pausen ein.

Nimm einen gelben Buntstift in die Hand und male damit einen Punkt auf deinem Blatt.
Die gelbe Farbe leuchtet so schön, male deshalb weiter mit dem Gelb.
Gelbe Strahlen will dein Punkt, male sie ringsherum.
Immer mehr Strahlen sollen es werden, mache ihn kugelrund.
Erkennst du mich schon? Welche Blume werde ich?
Nun nimm den grünen Stift zur Hand und mal mir einen Stiel.
Aber das ist nicht genug, gezackte Blätter brauche ich auch, zwei an der Zahl, das wäre schön.
Jetzt kannst du sehen, wer ich bin, ein Löwenzahn, von deiner Hand gemalt!
Jetzt will ich aber nicht alleine sein. Male dazu, was dir gefällt.

Lassen Sie den Kindern genügend Zeit, ihr Blatt ausgestalten.

Geschichte

Die Pusteblume

Diese Geschichte ist als Einstieg zu dem kreativen Angebot „Löwenzahnspirale" gedacht.

Eines Tages klagte die Oberpusteblume: „Wir werden immer weniger! Vor allem in den Gärten und Parks der Menschen sehe ich so gut wie keines unserer Blütenkinder."

„Die Menschen rupfen sie einfach aus", weiß eine andere Blume zu berichten. „Unkraut sagen sie zu euch Löwenzahnblumen."

„Und viele Kinder", meldete sich ein Gänseblümchen zu Wort, „viele von ihnen wissen nicht einmal, dass ihr Pusteblumen zum Pusten da seid."

„Stimmt, stimmt!", riefen einige Pusteblumen zustimmend. „Es soll sogar Wiesen geben, auf denen keine einzige Pusteblume mehr wächst!"

„Das hat man mir auch berichtet!", sagte die Oberpusteblume. „Ich sage euch: SO DARF ES NICHT WEITERGEHEN!"

„Jawohl! Jawohl, ja!", schallte es laut über die Wiese, „wir müssen etwas tun, tun, tun!"

„Ich helfe euch!", prustete der Wind, „ich kann eure Samenschirme weit übers Land tragen."

„Gute Idee", zwitscherten die Vögel, „wir bringen euch auf Wiesen und Felder, in die Parks, Gärten und auf die Wege der Städte."

Die Pusteblumen jubelten.

„Und ihr meint wirklich, das klappt?", fragte die Oberpusteblume aufgeregt.

„Aber ja", tönte der vorbeirauschende Wind.

„Klar, klar!", trillerten die Vögel, „alle Kinder – und all die Erwachsenen, die in ihrem Herzen Kind geblieben sind –, alle lieben Pusteblumen. Kinder sind nämlich die besten Pusteblumenpuster."

Da freuten sich die Pusteblumen und schliefen beruhigt einem neuen Pusteblumentag entgegen ... mit Pusteblumen überall auf Wiesen und Feldern, in Parks und an Wäldern, in Gärten und auf Rasenflächen.

Ob ihr Traum wahr wurde?

Löwenzahnspirale

Kreatives Angebot

Alter: ab 4 Jahren
Material: Kopie der Vorlage 6 (Anhang S. 106), Schere, Nadel, Faden, blaue Stifte

Den Kindern gefällt es sehr, dieser drehenden Spirale zuzusehen. Hier hat es aber keinerlei Bezug zum Thema „warme Luft steigt nach oben", es sollen einfach nur der Spaß und die Freude im Vordergrund stehen, die fliegenden Pusteblumen zu beobachten.

Die Kinder schneiden die Spirale zunächst nur entlang der äußeren Linie aus. Dann bemalen sie den Kreis auf beiden Seiten mit blauer Farbe. Anschließend schneiden sie an der Linie entlang sorgfältig die ganze Spirale aus.

Jetzt sollten Sie den Kindern helfen und mit der Nadel einen ca. 50 cm langen Faden im Mittelpunkt der Spirale befestigen. Das Motiv zeigt dabei nach unten.

Wenn die Spirale in Fensternähe von der Decke hängt, können die Kinder bei jedem Luftzug den Flug der Pusteblume beobachten.

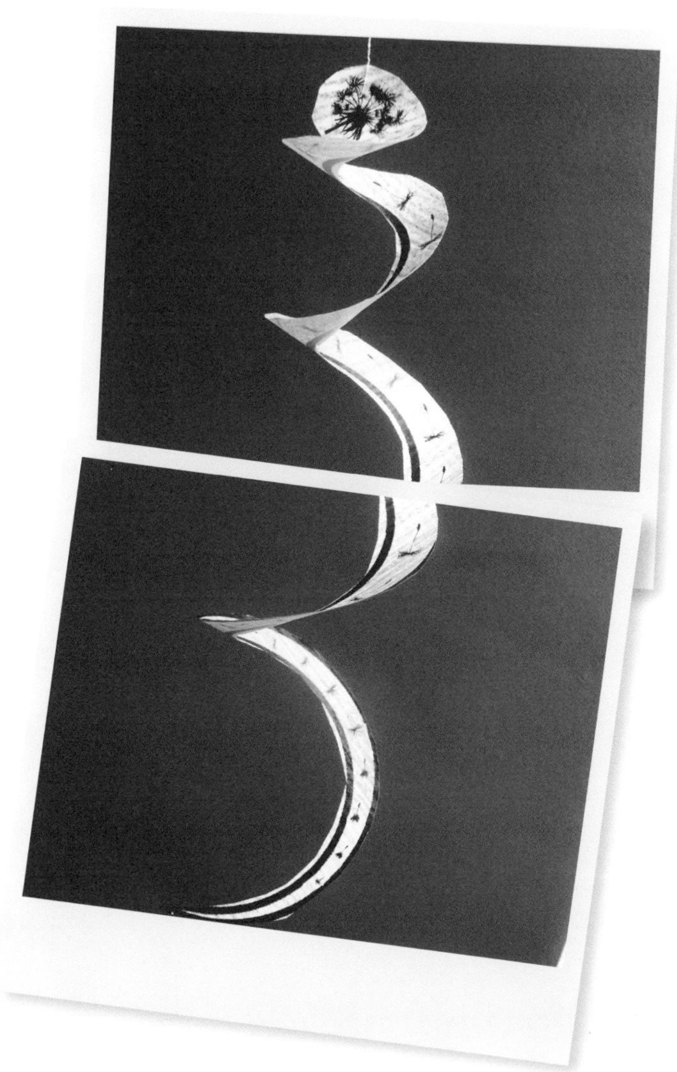

Kreatives Angebot

Pusteblumen-Samenbild

Alter: ab 4 Jahren
Material: blaues Papier, weiße Fingerfarbe, Borstenpinsel, schwarzer Filzstift

Aus der Löwenzahnblüte wird eine Pusteblume mit vielen Samen, die alle wie kleine Schirmchen aussehen. Wenn wenig oder gar kein Wind weht, bleibt der Samen, wo er ist, fest auf dem Blütenstängel. Erst, wenn der Wind stärker wird, löst sich der Samen und wird vom Wind getragen. Übrigens: Die Samen werden auch Schirmflieger bzw. Schirmfliegersamen genannt.

Die Kinder geben einen Tropfen der weißen Farbe aufs Papier. Mit dem Borstenpinsel ziehen sie die Farbe nach außen. Das wiederholen sie sechs bis acht Mal. Nach dem Trocknen malen sie mit dem schwarzen Stift die Stiele an.

Hauswirtschaftliches Tun

Löwenzahnrezepte

Alter: ab 3 Jahren
Material: nach Rezept

Diese Rezepte schmecken den Kindern ganz bestimmt. Wenn der Löwenzahn gesammelt wird, darauf achten, dass dieser in unbelasteter Umgebung wächst und nicht direkt an einer Straße.

Löwenzahngelee

200 g Löwenzahnblüten
1 l Wasser
1 Zitrone
1 kg Gelierzucker

Die gewaschenen Löwenzahnblüten im Wasser 5 Minuten kochen.

Den Sud 24 Stunden ruhen lassen, anschließend durch ein Sieb geben und dann mit der Zitrone und dem Gelierzucker 4 Minuten sprudelnd kochen. Das Gelee heiß in Gläser füllen.

Löwenzahnsalat

200 g junge Löwenzahnblätter
Salatdressing nach Wahl

Die zarten Blätter zum Reinigen für kurze Zeit in Salzwasser legen, anschließend trocken schleudern und mit einem beliebigen Salatdressing mischen.

Tipp: Den Salat ca. 30 Minuten vor dem Essen anmachen, damit die Blättchen etwas weicher werden.

Löwenzahnbutter oder -frischkäse

15 Löwenzahnblüten
15 junge Löwenzahnblätter
250 g Butter (oder Frischkäse)
2 Prisen Salz
1/2 TL Zucker
etwas Öl
2 Spritzer Zitrone

Die Löwenzahnblätter waschen und in der Salatschleuder trocken schleudern. Anschließend kleinhacken. Die gelben Blüten auszupfen und mit den gehackten Löwenzahnblättern unter die weiche Butter mischen. Salz, Zucker sowie das Öl und die Zitrone dazugeben. Alles gut vermischen und im Kühlschrank kalt stellen.

Tipp: Der Löwenzahn kann auch unter Frischkäse gemischt werden.

Steckbrief

Das Gänseblümchen

Sobald der Frühling begonnen hat, schmücken kleine weiße Blümchen die Wiesen und Rasenflächen.

Gänseblümchen werden auch Maßliebchen, Tausendschön oder (schweizerisch) Margritli genannt. Dieses kleine Blümchen zählt zu den bekanntesten Pflanzen im mitteleuropäischen Raum. Das kommt daher, dass Gänseblümchen fast überall wachsen.

Aussehen: Die Blätter des Gänseblümchens wachsen bodennah in einer sogenannten Blattrosette. Aus dieser Rosette wachsen zwischen März und November immer wieder Stängel heraus, die an ihrer Spitze in einer Korbblüte enden. Das Gänseblümchen hat einen Durchmesser von etwa 2 cm, weiße Blütenblätter und ein gelbes Zentrum, das aus mehr als 100 einzelnen Röhrenblüten besteht. Gänseblümchen richten sich immer nach der Sonne. Das heißt, ihre Blüten schauen immer in Richtung Sonne und sind nachts geschlossen.

Aussaat und Pflege: Da das Gänseblümchen aus vielen kleinen Röhrenblüten besteht, bilden sich nach der Bestäubung viele kleine Nüsschen. Diese werden zum Großteil durch Regen und Wind verbreitet. Aber auch Tiere – und sogar wir Menschen – tragen zur Verbreitung der Samen bei.

Gänseblümchen können sich aber auch über ihre Wurzeln vermehren und brauchen keine besondere Pflege.

Standort: Gänseblümchen lieben einen sonnigen Standort.

Erntezeit: Schon nach 4 Wochen ist das Gänseblümchen ausgewachsen.

Verwendung: Gänseblümchen werden als Heilmittel bei Hautkrankheiten und Leberleiden eingesetzt. Außerdem wirken die Inhaltsstoffe von Gänseblümchen entwässernd. Auch in der Küche haben sie einen Platz gefunden: Aus den jungen Blättern der Pflanze lässt sich ein köstlicher Salat zubereiten. Die Blüten können ebenfalls für Salat verwendet werden. Kuchen und Obstsalat lassen sich mit Gänseblümchenblüten schön dekorieren. Dabei sollte allerdings beachtet werden, dass sich die Blüten in der Nacht schließen.

Das Gänseblümchen

Kreatives Angebot

Alter: ab 3 Jahren
Material: Tonkarton (weiß, gelb und grün), Schere, Kleber, farbig passendes Papier (DIN A4), runder Gegenstand (Münze, Eierbecher, Glas o. Ä.), Stift

Für die Blüte mit einem runden Gegenstand einen Kreis auf dem weißen Tonkarton aufmalen und ausschneiden. Die Blütenmitte bzw. den Blütenstempel einfach aus gelbem Tonpapier ausschneiden – oder ein Stück gelbes Seiden- oder Krepppapier zusammenknüllen – und aufkleben.

Die weiße Blüte schneiden die Kinder nun ringsherum etwas ein, so entstehen die filigranen Blütenblätter. Aus grünem Tonkarton schneiden sie einen Stiel und zwei Blätter aus und kleben anschließend alles zu einem kompletten Gänseblümchen zusammen.

Gänseblümchen schlafen nachts!

Versuch

Alter: ab 4 Jahren
Material: 1 ausgegrabenes Gänseblümchen, 1 kleiner Blumentopf, etwas Erde

Gänseblümchen gehen „schlafen", sie schließen nachts ihre Blüte. Doch woher wissen sie, wann es Tag und wann es Nacht ist?

Die Kinder graben vorsichtig ein Gänseblümchen aus. Sie pflanzen es mit etwas Erde in einen Blumentopf und stellen es ins Zimmer bzw. nehmen es mit nach Hause. Nun können sie beobachten, wie das Gänseblümchen seine Blütenblätter morgens langsam öffnet, bis die Blüte um die Mittagszeit ganz geöffnet ist, und wie es sie gegen Abend wieder schließt.

Ganz gleich, wie hell oder wie dunkel es im Zimmer ist, das Gänseblümchen öffnet und schließt seine Blüte zur gleichen Zeit wie die anderen Gänseblümchen auf der Wiese. Es hört auf seine innere Uhr und faltet zur gewohnten Zeit seine Blütenblätter zusammen. Allerdings, wenn es regnet, bleiben die Blüten geschlossen.
Warum das so ist?

Auf diese Weise schützen die Blumen ihren empfindlichen Blütenstaub. Dieser Blütenstaub wird bei gutem Wetter von Käfern, Bienen und anderen Insekten von Blüte zu Blüte getragen.

Für viele Blumen ist das notwendig, um sich fortpflanzen und vermehren zu können. Wenn keine Insekten unterwegs sind – nachts oder bei Regen–, bleiben die Blüten eben geschlossen.

Hinweis: Die Gänseblümchen schließen ihre Blüten auch, wenn sie gepflückt in einer Vase stehen.

Das Gänseblümchen hatte Besuch

Malgeschichte

Alter: ab 4 Jahren
Material: Buntstifte, für jedes Kind 1 Vorlage 7 (Anhang S. 107)

Es ist für Kinder immer spannend, Spuren zu folgen. Herauszufinden, wer seine Abdrücke auf dem Boden hinterlassen hat, ist eine schöne Aufgabe und wissensreich. Hier in der Geschichte sind das: eine Maus – zu erkennen an der Schwanzspur in der Mitte – ein Hase und ein Mensch.

Lesen Sie die Geschichte vor und teilen Sie die Vorlagen an die Kinder aus. Die Kinder beschreiben, was auf dem Blatt zu sehen ist. Anschließend malen sie eine Maus, einen Hasen und einen Menschen zu den Spuren.

Wusstet ihr, dass Gänseblümchen nachts schlafen? Sie schließen ihre Blüten und morgens, wenn die Sonne aufgeht, strecken sie ihre Blüten immer der Sonne entgegen. Heute hat unser Gänseblümchen um sich herum viel zu entdecken. Vor und neben ihm sind Spuren. Es sind Abdrücke von Füßen – große und kleine. Sind es Tierspuren? Von wem könnten die sein? Helft dem Gänseblümchen, es herauszufinden. Malt ihm auf, wer es nachts besucht hat!

Ein Gänseblümchen

Fingerspiel

Alter: ab 2 Jahren

Das ist ein Gänseblümchen.
einen Arm anwinkeln und mit geöffneter Hand hochhalten
Außen hat das Gänseblümchen viele weiße Blütenblätter.
mit dem Zeigefinger der anderen Hand die Hand umrunden
In der Mitte hat es einen gelben Kern.
mit dem Zeigefinger in die Mitte der Hand tippen
Sein Stiel ist grün. Er kommt aus der Erde und hat an seinem Ende immer nur eine Blüte.
von unten nach oben am Arm bis zur geöffneten Hand entlangstreichen
Wenn die Sonne am Himmel entlangwandert,
eine Hand im großen Bogen über den Kopf führen
dreht das Gänseblümchen seinen Blütenkopf und schaut ihr zu.
die geöffnete Hand dreht sich
Wenn die Sonne untergeht, schließt sich seine Blüte für die Nacht.
geöffnete Hand schließt sich langsam
Schlaf gut, Gänseblümchen!

Kreatives Angebot

Gänseblümchen als Tischdeko

Alter: ab 4 Jahren
Material: halbierte Toilettenpapierrolle, Tonpapier (weiß, gelb, grün), Krepppapier, Kleber, Schere, schwarzer Filzstift, Vorlage 8 (Anhang S. 108)

Ein wunderschön dekorierter Tisch wirkt einladend und vermittelt das Gefühl, sehr willkommen zu sein. Diese Tischdekoration ist passend zu Ostern, zur Geburtstagsfeier, zum Gartenfest oder zu anderen Anlässen.

Die grünen Blätter und den grünen Stiel, zweimal die weiße Blüte und den gelben Innenkreis auf das farblich passende Tonpapier übertragen. Die Kinder schneiden die Teile aus. Den halben Toilettenpapierring bekleben sie in beliebiger Farbe mit Krepppapier. Anschließend kleben sie die Blüte, den Stiel und die Blätter an der Rolle an.

Das Gänseblümchen im Park

Geschichte

Alter: ab 4 Jahren

Es ist Frühling. Mitten in der großen Stadt, in einem großen Park, gibt es viele wunderschöne Blumen. Sie alle zeigen sich in den schönsten Farben.

Ein Gärtner hatte vor einiger Zeit Beete mit den unterschiedlichsten Blumen angelegt. Die Blumenbeete waren bunt und prächtig. In einem der Beete gab es Tulpen in allen Farben, dazwischen standen die schönsten Osterglocken. Immer wieder blieben Menschen, die durch den Park spazierten, vor dem Blumenbeet stehen und bewunderten seine Farbenpracht.

Aber zwischen all diesen Frühlingsblumen hatte sich ein kleines Gänseblümchen etwas Platz geschaffen. Den Tulpen und Osterglocken passte das gar nicht. Zu dem Gänseblümchen sagten sie: „Wir sind so schön, groß und prächtig. Deshalb wollen die Leute nur uns sehen, dich dagegen werden sie übersehen."

Das machte das Gänseblümchen sehr traurig. Als Kinder an dem Blumenbeet stehen blieben, um die wunderschönen Tulpen und Osterglocken zu bestaunen, fragte das kleine Gänseblümchen leise: „Warum bewundert ihr nur diese Blumen und beachtet mich gar nicht?" Die Kinder antworteten: „Du bist so klein und winzig, man sieht dich ja kaum! Kein Wunder, dass wir dich zwischen den großen Blumen nicht bemerkt haben. Sei froh, dass wir nicht auf dich getreten sind!" Da wurde das kleine Gänseblümchen noch trauriger. Es machte sich noch kleiner, damit wirklich keiner es treten und verletzen konnte. So verging einige Zeit, in der die Leute immer wieder stehen blieben, um die wunderschönen Frühlingsblumen zu bewundern. Das Gänseblümchen versteckte sich unter herabhängenden Tulpenblättern und achtete darauf, dass es ja niemand sehen konnte.

Doch eines Tages hörte das kleine Gänseblümchen eine begeisterte Stimme: „Du bist aber wunderschön! Warum machst du dich so klein?" Das Gänseblümchen wunderte sich. Noch nie hatte jemand die wunderschöne rote Tulpe über ihm als klein bezeichnet. Es sah vorsichtig hoch und erschrak: Vor dem Blumenbeet hockte ein Kind im Gras. Es hatte sich zu ihm heruntergebeugt und blickte nur zu ihm. Das verwirrte das kleine Gänseblümchen so sehr, dass es Angst bekam. Es fragte leise: „Wer bist du?" Das Kind antwortete: „Ich bin ein kleines Mädchen, die Lisa. Ich gehe jeden Tag mit meiner Mama in den Park, aber dich habe ich hier noch nie gesehen. Immer nur Tulpen und Osterglocken. Dich finde ich viel schöner! Wenn du magst, besuche ich dich jetzt jeden Tag." Mit diesen Worten stand Lisa auf und ging. Aber am nächsten Tag zur gleichen Zeit war sie wieder da und freute sich über das Gänseblümchen. Das kleine Gänseblümchen sagte: „Wie kann das sein? Ich bin doch gar nichts wert! Die anderen Blumen haben gesagt, dass ich viel zu klein bin und gar nicht schön und prächtig. Mich hat kein Gärtner gepflanzt und niemand will mich sehen!" Seine neue Freundin sagte: „Doch, kleines Gänseblümchen, du bist sehr viel wert. Es kommt nicht auf die Größe an, nicht darauf, wie du aussiehst, sondern darauf, wer du bist!"

Nun kam Lisa täglich und sie sprachen miteinander. Das Gänseblümchen freute sich jeden Tag aufs Neue und war von Tag zu Tag weniger traurig - dank seiner neuen Freundin, die das Gänseblümchen einfach so lieb hatte, wie es war.

Als sich das Ende der Frühlingszeit näherte, stellten die beiden fest, dass aus dem kleinen traurigen Gänseblümchen ein stolzes und glückliches Gänseblümchen geworden war. Längst waren die Tulpen und Osterglocken verblüht, aber das Gänseblümchen stand immer noch mit hoch erhobenem Kopf in dem Blumenbeet und war jetzt prächtig anzusehen.

Kurz bevor auch das Gänseblümchen zu verblühen begann, nahm Lisa es mit nach Hause, um sich dort noch an ihm zu erfreuen.

Geschichte Das Gänseblümchen im dicken Buch

Alter: ab 4 Jahren
Material: Buch, gepresstes Gänseblümchen, Glasbilderrahmen

Vorbereitung: Pressen Sie 10–14 Tage vor der Beschäftigung ein Gänseblümchen in einem dicken Buch. Klappen Sie zu Beginn das Buch so auf, dass die Kinder das gepresste Gänseblümchen sehen.

Es war einmal ein Gänseblümchen, das lag zwischen vielen Seiten eingeklemmt in einem dicken Buch. Erinnert ihr euch? Das kleine Mädchen Lisa hatte das Blümchen vor langer Zeit im Park gepflückt. Lisa hatte es mit nach Hause genommen und es zum Trocknen in das Buch gelegt. Und trocken, das war es nun auch im Laufe der Zeit geworden! Trocken und etwas zerbrechlich. Am Anfang war es für das Gänseblümchen ja noch interessant zwischen den Seiten des Buches und es dachte: „Eigentlich habe ich es gut."

Doch je länger das Gänseblümchen in dem Buch lag, desto mehr zweifelte es: „Ob ich hier richtig bin? Es ist eine dunkle Welt voller Buchstaben und Bilder und immer die gleichen. Vom Leben auf einer Wiese kann ich nur noch träumen. Und hier in dem Buch sieht mich auch wieder niemand, wie damals im Park." Dann wiederum sah es die gute Seite an dem, was mit ihm geschehen war. „Ich habe überlebt! Die anderen Blumen gibt es schon nicht mehr. Eigentlich seit Ende des Frühlings."

Doch dann lachte das Gänseblümchen über sich selbst: „Aber wenn ich im Park geblieben wäre, hätte ich länger die Sonne und den Himmel gesehen und länger den Regen, die Tropfen des Taus gespürt. Ich hätte der Musik der Gräser im Wind gelauscht, dem Brummen der Käfer und Summen der Bienen. Und manchmal auch das Lachen der Kinder gehört. Eigentlich würde ich die Welt gerne wiedersehen", dachte das Gänseblümchen und hing seinen Träumen, vom Leben im Park, nach. Als hätte Lisa die Gedanken des Gänseblümchens gehört, wurde das Buch aufgeklappt und es wurde entdeckt. Das kleine Mädchen hatte sich das Buch mal wieder aus dem Regal genommen. „Oh, mein Gänseblümchen, dich habe ich ja fast vergessen, das tut mir so leid. Aber jetzt mache ich mit dir was Schönes!", versprach Lisa. Und was machte das Mädchen mit dem Gänseblümchen?

Lisa legte es in einen Bilderrahmen und hängte ihn einem Fenster gegenüber auf. Da war das Gänseblümchen überglücklich, jetzt konnte es das ganze Jahr die Welt betrachten und Neues entdecken. Und das Beste war: Jeden Tag blieb das kleine Mädchen vor dem Bilderrahmen stehen und sprach mit dem kleinen Gänseblümchen, das immer noch wunderschön anzusehen war.

Legen Sie das getrocknete Gänseblümchen in den Bilderrahmen und hängen Sie ihn mit den Kindern im Gruppenraum auf.

Gänseblümchen am Schaschlikspieß

Kreatives Angebot

Eine Blüte zweimal auf den weißen Tonkarton übertragen und ausschneiden. Die beiden Blüten versetzt aufeinander legen und mit einem Klebepunkt in der Mitte verbinden. Einen Kreis aus dem gelben Tonkarton ausschneiden und in die Mitte kleben. Den Schaschlikspieß mit grüner Farbe bemalen oder mit grünem Kreppband umwickeln. Das Gänseblümchen am Spieß befestigen.

Alter: ab 4 Jahren
Material: Tonkarton (weiß und gelb), Schaschlikspieß, grüne Farbe und Pinsel oder Kreppband, Schere, Kleber, Vorlage 8 (Anhang S. 108)

Gänseblümchen

Bewegungsspiel

Die Kinder stellen sich verteilt im Raum auf und bewegen sich dem Text entsprechend.

Alter: ab 3 Jahren

Gänseblümchen, Gänseblümchen, wiege dich im Wind.

Die Kinder bewegen sich von einem Fuß auf den anderen.

Gänseblümchen, Gänseblümchen, schließe deine Blüte,
denn der Regen fällt auf dein Haupt.

Die Kinder halten die Hände über den Kopf.

Gänseblümchen, Gänseblümchen, die Sonne scheint,
schüttle die Regentropfen ab.

Die Kinder schütteln sich.

Gänseblümchen, Gänseblümchen, es wird Nacht,
kuschele dich ein und mach dich klein.

Die Kinder gehen in die Hocke.

Hauswirtschaftliches Angebot

Gänseblümchenwiese

Alter: ab 4 Jahren
Material: 1 Packung grüne Götterspeise, Wasser, Zucker, 10 Gänseblümchenblüten, flache Schüssel

Diese Speise ist eine richtige Augenweide!

Die Götterspeise nach Anweisung herstellen, in eine flache Schüssel geben und darin leicht abkühlen lassen. Bevor die Masse richtig fest ist, werden die gewaschenen Gänseblümchenblüten darauf verteilt.

Tierische Frühlingsboten

Auch Tiere verkünden den Frühling. Die Bienen verlassen ihren Stock, wenn die Temperatur 10 °C erreicht. Käfer krabbeln aus den Baum- und Mauerritzen. Auch der Storch zeigt uns den beginnenden Frühling, da er aus dem Süden zu seinem Brutplatz zurückkehrt. Andere Vögel beginnen mit ihrem Nestbau und viele Tiere wie der Igel erwachen aus ihrem Winterschlaf oder das Eichhörnchen aus seiner Winterruhe. Achtung heißt es wieder, wenn sich die Kröten und Frösche zum Laichen auf ihre Wanderung zu dem Gewässer machen, in dem sie geboren wurden.

Steckbrief

Die Biene

Die Bienen sind für unser Ökosystem unverzichtbar, denn sie übernehmen die Bestäubung der Blüten. Ohne eine Bestäubung kommt es bei den Pflanzen erst gar nicht zur Frucht- bzw. Samenbildung. Die Biene ist ein Insekt und wird 1–1,5 cm groß. Sie ist gelb-schwarz gestreift und ernährt sich von Pollen und Nektar. Sie lebt auf Wiesen und Feldern und ist hauptsächlich am Tag unterwegs. Die überwältigende Mehrzahl aller Bienenarten sind Solitärbienen. Sie bilden keine Insektenstaaten wie die Honigbienen, sondern leben alleine und betreiben nur für die eigene Nachkommenschaft Brutpflege.

Ein Bienenvolk der Honigbienen besteht aus einer Königin, sie legt die Eier, den Arbeiterinnen, sie sammeln Nektar und schützen das Nest, und den männlichen Drohnen, die allein der Befruchtung der Eier dienen. Ein Bienenvolk kann aus 50.000 Bienen bestehen.

Bienen fliegen zu den Blüten und sammeln mit ihrer Zunge den Nektar. Diesen können sie vorübergehend in ihrem Magen speichern. Im Bienenstock angekommen, würgen sie den Nektar wieder aus und füttern damit ihre Brut. Ein Teil des Nektars wird in Waben eingelagert und so entsteht nach einer gewissen Zeit der eigentliche Honig. Er dient den Bienen auch als Futterreserve für den Winter. Im Herbst tauscht der Imker den gesammelten Honig der Bienen gegen Zuckerwasser aus. Auf diese Weise überleben die Bienen den Winter.

Bienen kommunizieren über den Schwänzeltanz miteinander. Durch bestimmte Bewegungen sind sie in der Lage, anderen Bienen punktgenau ergiebige Futterquellen anzuzeigen. Dafür „tanzt“ eine Biene in kreisförmigen Bewegungen vor und die anderen Bienen tanzen ihr nach. Dadurch übermitteln Bienen untereinander Richtung, Entfernung und Art der Nahrung.

Im Gegensatz zur Wespe kann eine Biene nur einmal stechen. Beim Herausziehen des Stachels reißt ihr Körper auseinander.

Die Biene Summm

Geschichte

In dieser Geschichte erfahren die Kinder anschaulich viel Wissenswertes über die Biene.

Alter: ab 4 Jahren
Material: Bilder und/oder Gegenstände (Spielzeug o. Ä.): Biene, Feder, Traktor, Blumen, Bienenstock, Pinsel, Papiertrichter, Messer, Honig, Butter, Brot

Hallo Kinder, darf ich mich vorstellen: Ich bin eine Biene und heiße Summ. Heute bin ich hier, damit ihr uns Bienen besser kennenlernen könnt.

das Bild der Biene vor die Kinder legen

Ich bin leicht wie eine Feder

Feder neben die Biene legen

und kann so ca. 25 km/h schnell durch die Luft fliegen, das ist immerhin so schnell wie ein Traktor fahren kann.

Bild vom Traktor dazulegen

Wenn ich fliege, hörst du mich summen. Das Summen hörst du, weil ich ganz schnell mit meinen Flügeln schlage und die machen dann dieses Geräusch. Den Honig, den ihr so gerne auf eurem Frühstücksbrot esst, den produziere ich. Dafür fliege ich von Blüte zu Blüte und trinke Nektar.

Blumenbild zum Bild der Biene legen

Wenn ich Nektar trinke, bleiben Pollen an meinen Beinchen hängen, die sammle ich in den „Körbchen" an meinen Beinen. Diese bringe ich wie den Nektar in den Bienenstock. Dort wohne ich mit meinen Freunden und die Pollen sind die Nahrung für unsere Bienenbabys, die sogenannten Larven. Den gesammelten Nektar nehmen die „Honigmacher" in Empfang, sie lassen den Nektar ein paar Mal durch ihre eigene Honigfabrik laufen und lagern ihn in Waben ab. Diese verschließen sie dann mit einem Wachsdeckel. Dies ist unsere Nahrung oder der Imker holt ihn aus den Waben für euch. Damit wir nicht verhungern, stellt er uns spezielles „Zuckerwasser" hin.

Bild vom Bienenstock dazulegen

Noch eine wichtige Aufgabe von mir ist es, die Blüten zu bestäuben. Das mache ich, wenn ich Honig sammle. Da stecke ich ganz schnell meine raue Zunge in den süßen Saft der Blüte. Meine Zunge könnt ihr euch so vorstellen wie einen Pinsel, der die Blüten „auskehrt".

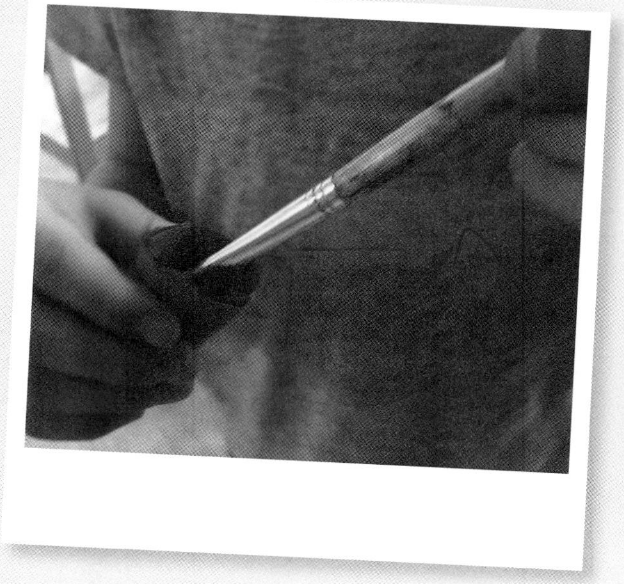

Und wie ihr schon gehört habt, bleiben da Blütenpollen an mir hängen. Bei der nächsten Blume verliere ich dann einige Pollen und so kann die Blüte eine Frucht bilden. Ihr habt doch bestimmt schon einmal einen blühenden Baum, z.B. einen Apfelbaum, gesehen. Wenn ich dort von Blüte zu Blüte fliege, trägt der Baum im Herbst viele Äpfel.

Am liebsten fliege ich über Wiesen, denn dort kann ich das ganze Jahr leckeren Nektar finden.

Nicht so gerne fliege ich zu Flächen, bei denen es nur eine Pflanzensorte gibt, z. B. Kartoffel- oder Getreidefelder. Denn dort finde ich entweder nur kurz oder gar keinen Nektar. Das bedeutet, wenn ich keine Blühpflanzen finde, habe ich weniger Nahrung und kann unsere Bienenkinder nicht mehr versorgen. Das heißt dann, die Bienenvölker werden immer kleiner.

Mir gefällt auch nicht, wenn die Menschen ihre Pflanzen mit Gift besprühen. Wenn ich von solch besprühten Pflanzen trinke, dann wird mir schlecht.

Jetzt habe ich aber genug von mir erzählt! Seht mal her, ich habe euch etwas von meinem leckeren Honig mitgebracht. Den dürft ihr euch jetzt schmecken lassen.

Die Kinder lassen sich ein Stück Honigbrot schmecken.

Tipp: Wenn Sie die Bilder durch Gegenstände ersetzen, so wird die Geschichte noch anschaulicher für die Kinder.

Kreatives Angebot

Wildbienenunterschlupf

Alter: ab 5 Jahren
Material: Baumscheibe oder Baumstück und Handbohrer oder Bambusstäbe (Ø 8 mm), Gartenschere und Blumentopf

Wildbienen tragen maßgeblich dazu bei, dass sich die Früchte entwickeln können, sind aber in ihrem Lebensraum bedroht. Deshalb kann ein selbst gebauter Unterschlupf als kleiner Beitrag zum Umweltschutz Platz für viele Bienen bieten.

… mit Baumstück

In das Baumstück bohren die Kinder mit dem Handbohrer möglichst viele Löcher. Das Bienenhotel stellen sie an einem geschützten Ort so auf, dass die Bienen im nahen Umkreis viele Blüten finden können.

… mit Bambus

Eine zweite Variante für einen Wildbienenunterschlupf sind Bambusstäbe. Diese schneiden die Kinder auf 20 – 25 cm lange Stücke zu. Sie stecken so viele Bambusstücke in einen Blumentopf, bis der ganze Topf gefüllt ist. Auch diesen an einen geschützten Ort legen.

Biene und Bienenstock

Kreatives Angebot

Alter: ab 4 Jahren
Material: Tonkarton (gelb, schwarz und weiß), schwarzer Stift, Kleister, gelbes Papier, kleiner Blumentopf, Schnur, kleiner Stock, Schere, Vorlage 11 (Anhang S. 110)

Die Kinder befestigen die Schnur an dem Stöckchen und führen sie durch das Loch am Blumentopf. Für den Bienenstock bekleben sie den Blumentopf komplett mit dem gelben Papier.

Hinweis: Ist der Blumentopf aus Ton, kann er mit gelber Farbe bemalt werden. Den Blumentopf/Bienenstock trocknen lassen.

Die Vorlage der Biene auf farblich passenden Tonkarton übertragen, ausschneiden und mit Streifen und einem Gesicht versehen. Dabei können die Streifen auch mit schwarzem Tonpapier aufgeklebt werden. Den Bienenstock in der Mitte und die Bienen an ihm und um ihn herum aufhängen.

Kreatives Angebot Bienen aus Fingerabdrücken

Alter: ab 4 Jahren
Material: weißes Papier (DIN A4), gelbe Fingerfarbe, schwarzer Stift

Mit der gelben Fingerfarbe werden ein oder mehrere Fingerabdrücke auf das Blatt Papier gemacht. Nach dem Trocknen malen die Kinder mit dem schwarzen Stift den Kopf mit Fühlern und die Flügel an. Den gelben Körper versehen sie mit schwarzen Streifen.

Bewegungsspiel Bienen-Blüten-Spiel

Alter: ab 4 Jahren
Material: für die Hälfte der Kinder jeweils 3 Wäscheklammern und 1 (Chiffon-) Tuch

Obstbäume sind auf die Bestäubung durch die Bienen angewiesen. Nur wenn sie die Pollen von Blüte zu Blüte bringen, können die Bäume Früchte bilden. Bei diesem Spiel schlüpfen die Kinder in die Rolle der Biene, das erfordert viel Aufmerksamkeit und logisches Denken von den Kindern.

Die Kinder teilen sich in zwei Gruppen: Bienen und Blüten.
Jedem Blütenkind werden drei Wäscheklammern an die Kleidung geheftet und ein Tuch auf den Kopf gelegt. Dieses Tuch symbolisiert die Blüte. Dann sucht es sich einen Platz im Raum.

Auf ein Zeichen der Spielleitung starten die Bienen und fliegen zu einer Blüte, um Nektar zu sammeln, dabei nehmen sie einen Blütenpollen (Wäscheklammer) mit.

Sie fliegen zur nächsten Blüte, trinken wieder Nektar. Dabei stecken sie die Wäscheklammer an das Tuch und nehmen sich eine neue Klammer.

Wichtig ist es für die Bienenkinder zu erkennen, welche Blüte schon drei Wäscheklammern hat bzw. wo noch eine Klammer fehlt, damit es wieder drei Klammern sind.

Das Spiel ist beendet, wenn jede Blüte (Tuch) mit drei Wäscheklammern bestückt ist.

Danach wechseln die Kinder die Rollen: Die Blütenkinder werden die neuen Bienen. Sie geben die Wäscheklammern und das Tuch an die neuen Blütenkinder ab.

Zu Besuch bei den Bienen

Bewegungsgeschichte

Alter: ab 3 Jahren
Material: für jedes Kind 1 Reifen, Langbank, Taschentücher

Die Kinder setzen sich im Bewegungsraum auf den Boden und die Geschichte beginnt.

Hallo Kinder, heute besuchen wir die Bienenkinder in einem Bienenstock und machen gemeinsam einen Ausflug. Wir wollen eine Blumenwiese besuchen. Dazu gehen wir jetzt los.

Die Kinder spazieren durch den Raum.

Wir freuen uns sehr über diesen Ausflug, deshalb hüpfen wir freudig.

Die Kinder hüpfen.

Kaum sind wir an der Wiese angekommen, da können wir schon Bienen sehen, die eifrig bei der Arbeit sind. Auch wir wollen jetzt mal Bienen sein.

Die Kinder fliegen mit ausgebreiteten Armen mal schnell, mal langsam.

Die Bienen fliegen von Blüte zu Blüte.

Für jedes Kind einen Reifen auf den Boden legen. Die Kinder fliegen von Reifen zu Reifen. Dabei darf immer nur ein Kind im Reifen stehen. Ruft die Spielleitung „weiter“ sich suchen sich alle wieder einen neuen Reifen.

Die Bienen fliegen zu ihrem Bienenstock, um sich auszuruhen.

Die Kinder setzen sich auf die Langbank und die Fachkraft verteilt Taschentücher in den Reifen, dabei auf eine unterschiedliche Anzahl achten, mal ein oder zwei, drei Tücher.

Die Bienen fliegen jetzt wieder los und sammeln Pollen. Jede Biene darf aber nur jeweils einen Pollen, je Blüte sammeln.

Die Kinder sammeln die Taschentücher ein.

Welche Biene hat die meisten Pollen gesammelt?

Die Kinder zählen ihre Taschentücher.

Die Biene mit den meisten Pollen ist bei unserem nächsten Spiel die Bienenkönigin. Stelle dich auf die Langbank und dirigiere dein Bienenvolk.
Alle Bienen fliegen in eine Ecke ..., alle Bienen setzen sich auf den Boden ..., alle Bienen fliegen im Kreis ...

Die Kinder befolgen die Anweisungen. Nach etwa drei Bewegungsabläufen oder Aufgaben darf die Bienenkönigin eine neue Königin bestimmen. Unterstützen Sie die „Bienenkönigin“ mit Tipps, damit sich die Kinder abwechslungsreichen Aufgaben stellen müssen.

Jetzt waren wir lange genug Bienen und wollen wieder nach Hause. Wir verabschieden uns von den Bienen und spazieren zurück in unseren Kindergarten. Dort setzen wir uns und ruhen uns aus, denn das Leben einer Biene kann ja sehr anstrengend sein.

Die Kinder spazieren noch einmal kurz durch den Raum und setzen sich anschließend auf den Boden.

Kreatives Angebot Bienenwabendruck

Alter: ab 4 Jahren
Material: fester Karton oder Moosgummi, Schere, Kleber, Korken, gelbe Fingerfarbe, Pinsel, Malpapier, Vorlage 9 (Anhang S. 109) als Schablone für den Stempel

Ein Sechseck auf Karton oder Moosgummi übertragen und ausschneiden. Für den Stempel das Sechseck auf den Korken kleben.
Die Kinder bepinseln das Sechseck mit der gelben Farbe und bedrucken das Malpapier. Bei jedem weiteren Druckvorgang achten die Kinder darauf, dass die Ecken zueinander passen.

Fingerspiel Ein fleißiges Bienchen

Alter: ab 2 Jahren

In einem Bienenstock lebt ein fleißiges Bienchen.
Zeigefinger hochhalten
Das Bienchen fliegt für Honig hin und her.
Finger bewegt sich von links nach rechts
Es sammelt Honig auf großen Blumen.
mit dem Finger über dem Kopf kreisen
Es sammelt Honig auf kleinen Blumen.
mit dem Finger erst den einen, dann den anderen Fuß berühren
Wenn der Regen kommt, versteckt es sich in seinem Bienenhaus!
Finger mit der Faust der anderen Hand umschließen

Arbeitsblatt Die Biene will zur Blume

Alter: ab 3 Jahren
Material: für jedes Kind 1 Kopie der Vorlage 12 (Anhang S. 111), Stifte

Jedes Kind erhält ein Arbeitsblatt und einen Stift.
Die Biene hat Hunger. Wer kann ihr den Weg zur Blume zeigen? Findet den Weg von der Biene zur Blume …

Steckbrief

Die Raupe

Als Raupen werden die Larven von Schmetterlingen bezeichnet. Bevor sich aus ihnen die flugfähigen Tiere entwickeln, müssen sich die Raupen verpuppen. Viele spinnen sich vorher in einen Seidenkokon ein. Weltweit gibt es etwa 150.000 Arten, davon kommen bis zu 4.000 in Mitteleuropa vor.

Die Größe der Raupen ist unterschiedlich und hängt von Art und Entwicklungsalter ab. Deshalb gibt es sie von 20 bis 70 mm.

Die Raupen sind langgestreckt und zeichnen sich oft durch eine schöne Färbung und dichte Behaarung aus. Am Kopf haben sie einen großen Oberkiefer und am Körper sitzen drei Beinpaare. Einige Arten haben auch einen Dorn am Hinterleib.

Die meisten Arten sind Landbewohner. Hier leben sie in und auf verschiedenen Pflanzenteilen, z. B. am Stängel, an Blättern, an Früchten oder Wurzeln. Meist ernähren sie sich von Blättern. Einige fressen die Blätter ganz ab, andere leben an der Blattunterseite.

Raupen bewegen sich in typischer Weise „spannend“: Sie strecken sich lang aus, suchen mit den Bauchfüßen Halt und ziehen dann die Nachschieber dicht an sie heran. Dabei wölbt sich der Körper bogenförmig hoch auf. Dann verankern sich die Nachschieber und der Vorgang beginnt von Neuem.

Eine Raupe wird größer

Arbeitsblatt

Die Kinder tauchen oder bepinseln einen Finger mit grüner Fingerfarbe und drucken so die richtige Anzahl an Körperteilen hinter den Kopf der Raupe.

Alter: ab 4 Jahren
Material: grüne Fingerfarbe, evtl. Pinsel, für jedes Kind eine Kopie der Vorlage 13 (Anhang S. 112)

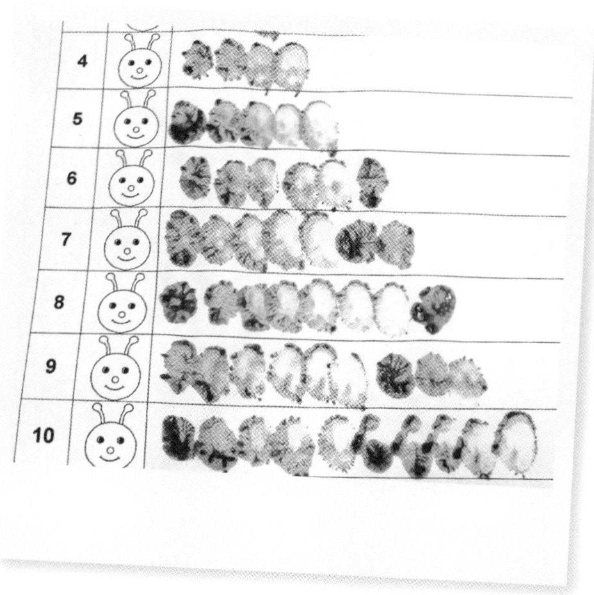

Geschichte Eine kleine Raupe will ihre Mahlzeit bunt

Alter: ab 3 Jahren

Auf einem grünen Blatt hatte inmitten von lauter grünen Blättern ein Schmetterling viele kleine Eier abgelegt. Heute war es endlich so weit: Aus einem der Eier schlüpfte die erste kleine Raupe, die sich erst mal in ihrer grünen Welt umsah. Neben ihr schlüpften ihre Brüder und Schwestern, die sich gleich gierig daran machten, zu fressen und zu fressen. Aber diese Vorstellung gefiel der kleinen Raupe gar nicht. Immer nur grüne Blätter, wie langweilig! Sie stellte sich ihr Leben etwas anders vor: bunt und lecker – nicht langweilig grün. „Du wirst nichts Besseres finden! Grün ist das Leckerste vom Leckersten!", riefen ihr die anderen Raupen hinterher, als sie sich auf den Weg machte. „Was wissen die schon, die haben ja noch nichts anderes probiert", dachte die Raupe. So kroch sie los, die Pflanze hinab und weiter immer der Nase nach. Wohin ihre Reise gehen sollte, wusste sie nicht. Sie kroch am Waldrand entlang, wunderschön standen hier die Bäume, groß und stattlich. Doch an die Blätter und Blüten der Bäume kam die kleine Raupe nicht heran, sie waren viel zu hoch und der Weg zu ihnen war zu weit.

So kroch sie weiter und kam am Ende des Tages hungrig zu einem Bauernhof, wo sie von lautem Geschnatter und Gegacker empfangen wurde. Nur im Hühnerstall war es still. Hier saßen die Hennen brütend auf ihren Eiern. Ein Ei lag gut sichtbar im Stroh. Da hörte die kleine Raupe plötzlich ein Knistern. „Auweia, das Ei bekommt Risse!", rief sie aufgeregt. Tatsächlich, die Eierschale bröckelte! Ein Küken im Ei pickte rundum die Schale auf und kletterte hinaus. „Siehst du aber süß aus!", rief die kleine Raupe begeistert und fragte neugierig: „Wer bist du denn und was passiert denn jetzt mit der Eierschale?" „Ich bin ein Küken und die Schale brauche ich nicht mehr, du kannst sie haben." „Kann ich die mal probieren?", fragte die kleine Raupe weiter. „Wenn du willst, aber sie ist bestimmt sehr hart", antwortete das Küken. Die kleine Raupe kroch zur Eierschale, schnupperte daran und biss hinein. Sie spuckte die Schale gleich wieder aus: „Nein, das schmeckt mir nicht, also die Farbe Weiß werde ich von meinem Speiseplan streichen!"

Die kleine Raupe setzte ihren Weg fort und kam zu einem Schweinestall. Hier wurden die Schweine gerade gefüttert. Die Schweine machten sich gierig über ihr Fressen her, in dem kleine rote Stückchen bei ihnen besonders beliebt waren. „Das will ich probieren! Die Schweine sind so beschäftigt, die bemerken mich nicht!", dachte die kleine Raupe und kroch zu dem Fressen der Schweine. Herzhaft biss sie in das rote Etwas. „Bäh, was ist denn das?", entfuhr es ihr. Alle Schweine hoben die Köpfe und schauten auf die kleine Raupe herunter. Das dickste der Schweine grunzte: „Das sind leckere Apfelstückchen, die sind fein." „Nein, das sind sie nicht, die sind sauer und noch mal sauer!", erwiderte die kleine Raupe und schüttelte sich! „Ja, aber das ist doch gerade das Leckere an diesen Äpfeln!", erwiderte das dicke Schwein. Doch die kleine Raupe hatte genug vom Schweinefraß und strich Rotes vom Speiseplan.

Sie kroch weiter zu einer bunten Blumenwiese. Hier probierte sie von allen Farben: Sie fraß den gelben Löwenzahn, doch der war ihr zu scharf, ein oranger Krokus schmeckte einfach nur scheußlich und auch das lila Veilchen war nicht nach ihrem Geschmack. Langsam knurrte der kleinen Raupe der Magen, denn sie hatte mächtigen Hunger! Sollte sie es doch mal mit grün probieren?

Am Rande der Wiese stand fast für sich alleine eine Brennnessel. Auf die lief die kleine Raupe zu. „Hm, jetzt probiere ich mal dieses Grün. Es sieht schön saftig aus. So legte die kleine Raupe los und sie fraß und fraß. Sie konnte gar nicht mehr aufhören – welch ein Festschmaus! „Hier gefällts mir, hier bleibe ich!", beschloss sie. So blieb sie bei der Brennnessel, wurde jeden Tag ein bisschen dicker und runder. Nach ein paar Wochen dachte die kleine Raupe: „Jetzt reicht es, jetzt bin ich bereit für den nächsten Schritt: Sie fing an, feine Fäden zu spinnen und wickelte sich darin ein. Am Ende sah sie aus wie ein kleiner Sack, der an einem Brennnesselzweig hing: Sie hatte sich verpuppt!

Von außen war nichts zu sehen, doch innen passierte etwas ganz Wunderbares mit ihr, sie verwandelte sich. Als die Hülle der Puppe aufriss, kam ein wunderschöner Schmetterling hervor. Dieser breitete seine Flügel aus und flog davon.

Als es so weit war und das Schmetterlingsweibchen seine Eier für den neuen Nachwuchs ablegen wollte, erinnerte es sich an die Brennnessel. Es flog zurück und legte dort die Eier ab und dachte zufrieden: „Wenn meine Kleinen schlüpfen, dann müssen sie sich nicht wie ich hungrig auf die Suche nach leckerem Essen machen, sie haben es ja gleich vor der Nase!"

Eine Kuschelraupe

Kreatives Angebot

Die Kinder stecken Watte in die Socke, bis diese ganz prall gefüllt ist. Mit Wolle wird das Ende verschlossen und verknotet und die Socke mehrmals abgeteilt Auch den Kopf mit einem Faden vom Körper etwas abteilen. Die Wackelaugen aufkleben. Aus dem roten Papier einen Mund schneiden und passend aufkleben. Am Kopf über den Augen rechts und links ein kleines Loch in die Socke schneiden und den Biegeplüsch als Fühler einstecken.

Alter: ab 3 Jahren
Material: Socke, Watte/Füllwatte, Wolle, Wackelaugen, Kleber, Schere, Biegeplüsch, rotes Papier

Mitmachgedicht mit Gestaltung

Die kleine Raupe im Garten

Alter: ab 3 Jahren
Material: Papprolle (Küchenrolle), grüne Fingerfarbe, Pinsel, schwarzer Stift, Tackernadeln, ausgeschnittene grüne Blätter, Schmetterling

Die Kinder malen die Rollen rundherum mit grüner Fingerfarbe an und lassen die Farbe anschließend trocknen. Das vordere Ende zusammendrücken und mit Tackernadeln fixieren oder mit einem grünen Stück Tonkarton verschließen. Die Kinder malen an dieser Stelle ihrer Raupe ein Gesicht. Um den Körper ergänzen sie noch schwarze Ringe als Segmente und an der Seite noch Beinchen.

Gemeinsam setzen sich alle Kinder an einen Tisch. Die Spielleitung spricht zuerst den Text und anschließend spielen die Kinder mit ihren Raupen das Gedicht auf dem Tisch nach.

Unsere kleine Raupe lebt in einem Garten,
in dem schon viele Freunde warten.
Sie treffen sich und das macht Spaß.
Die Raupen krabbeln gemeinsam durchs Gras.

Die Kinder legen ihre Raupe an den Tischrand und schieben sie bei „Sie treffen sich …“ in die Mitte.

Die Raupen sind richtig munter,
sie laufen hin und her, rauf und runter!
Dabei treffen sie sich und das macht Spaß.
Die Raupen krabbeln gemeinsam durchs Gras.

Die Raupen hin und her bewegen und bei „Dabei treffen sie sich …“ gehen alle Raupen in die Mitte.

Auf grünen Blättern sitzen sie gerne,
man sieht sie so nicht aus der Ferne.
Dabei treffen sie sich, das macht Spaß.
Die Raupen krabbeln gemeinsam durchs Gras.

Grüne Blätter auf den Tisch legen, die Raupen daraufsetzen, bei „Dabei treffen sie sich …“ gehen alle Raupen in die Mitte.

Sie fressen sich an Blättern satt,
das ist lecker, das gibt ihnen Kraft.
Danach treffen sie sich, das macht Spaß.
Die Raupen krabbeln gemeinsam durchs Gras.

Die Raupen wieder zu den Blättern bewegen, bei „Danach treffen sie sich …“ gehen alle Raupen in die Mitte.

Irgendwann ist die Fresserei vorbei,
sie verpuppen sich – eins, zwei drei!
Ein Schmetterling wird unsere Raupe sein,
und so schön bunt, ist das fein!

Jedes Kind behält seine Raupe bei sich und der Schmetterling wird auf den Tisch gelegt.

Tipp: Dieses Spiel kann im Stuhlkreis als Rasselspiel gespielt werden. Dabei werden die Papprollen mit etwas Reis gefüllt und das Hinterteil wird verschlossen, damit kein Reis austritt. Bei dem Satz „Die Raupen krabbeln gemeinsam durchs Gras“ schütteln die Kinder ihre Raupe.

Anton will nach oben

Klanggeschichte

Alter: ab 3 Jahren
Material: Instrumente (Glockenspiel, Rasseln, Triangel, Holzblocktrommel, Becken)

Lesen Sie die Geschichte den Kindern einmal vor und verteilen Sie anschließend die Instrumente. Dabei können mehrere Kinder die Raupen spielen.

Anton	Glockenspiel
Raupen	Rasseln
Eichhörnchen	Triangel
Specht	Holzblocktrommel
Vogel	Becken

Vor einiger Zeit lebten einmal auf einem Baum ganz viele **Raupen.** *Sie waren aus ihren Eiern geschlüpft und gingen seitdem ihrer Lieblingsbeschäftigung nach: Sie fraßen und fraßen. Nur eine von ihnen, das war* **Anton,** *wollte nicht nur das ganze Leben mit Fressen von Blättern verbringen.* **Anton** *wollte etwas von der Welt sehen und von wo ging das besser als von der Spitze des Baumes aus? Deshalb fragte* **Anton** *sich: „Welches ist der kürzeste Weg, um die Spitze zu erreichen?" Die anderen* **Raupen** *haben versucht, ihn zu bremsen, aber leider vergeblich.* **Anton** *wollte so schnell wie möglich nach oben. So begann er, nach oben zu kriechen – Blatt für Blatt, Ast für Ast.* **Anton** *hatte nur ein Ziel vor Augen: Er wollte das oberste Ende der Baumkrone erreichen. Alle anderen* **Raupen,** *die seinen Weg kreuzten, rieten ihm, langsam zu machen, doch er hörte nicht auf sie. Als Anton ganz nahe am Stamm seinen Weg suchte, kreuzte ein pelziges Etwas mit einem langen buschigen Schwanz seinen Weg. Es war ein* **Eichhörnchen,** *das auf dem Weg zu seinem Baumversteck war. „Was machst du denn hier so weit oben?", fragte das* **Eichhörnchen Anton.** *„Ich will zur Baumspitze und etwas von der Welt sehen", antwortete ihm Anton. „Da hast du dir viel vorgenommen, der Weg dorthin ist für dich noch weit und beschwerlich, entgegnete ihm das* **Eichhörnchen.** *Das* **Eichhörnchen** *wendete sich ab und lief flink den Baum hinunter.* **Anton** *ließ sich nicht beirren und setzte seinen Weg fort, bis ihn ein lautes Hämmern neugierig machte. „He, du machst den Baum kaputt!", rief* **Anton** *empört dem klopfenden Tier zu. Das Tier, ein* **Specht,** *der sich gerade daran machte eine neue Baumhöhle zu zimmern, drehte* **Anton** *seinen Kopf zu. „Selber he, das wird mein neues Zuhause", erklärte der* **Specht** *und hämmerte weiter. „Aber du kannst doch kein Loch in den Baum schlagen, der fällt doch um", sprach* **Anton** *den* **Specht** *erneut an. „Das kleine Loch, das macht dem Baum nichts", antworte der* **Specht,** *„das merkt der gar nicht!"* **Anton** *schaute dem* **Specht** *noch ein bisschen zu und setzte dann seinen Weg zur Baumspitze fort. Nach zweieinhalb Wochen hatte* **Anton** *fast die Baumkrone erreicht und kroch von Zweig zu Zweig nach oben. Je weiter er aufstieg, desto mehr beschien ihn das Licht der Sonne – und das gefiel* **Anton.** *Die Blätter wurden immer grüner und er konnte immer mehr vom blauen Himmel sehen.*

Anton *hatte unterwegs zwar noch andere* **Raupen** *getroffen, doch keine von ihnen war so hoch in den Baum gekrochen wie* **Anton.** *„Ich habe Hunger und gönne mir jetzt eine kleine Pause", sagte sich Anton, „denn den grünen und saftigen Blättern kann ich nicht mehr widerstehen." So machte* **Anton** *es sich bequem und fraß und fraß.*

Er bemerkte nicht einmal, dass ein schwarzer **Vogel** *neben ihm landete. Ganz vorsichtig schob der* **Vogel** *seinen Schnabel vor, öffnete ihn wie eine Zange und griff zu. Vor lauter Schreck wurde* **Anton** *ganz starr. Erst recht, als er bemerkte, wohin der* **Vogel** *flog. Der* **Vogel** *flog zu Boden, oh nein, da wollte Anton gar nicht hin. So rief er: „Halt, du* **Vogel,** *ich will nicht runter auf den Boden." „Runter auf den Boden", wiederholte der* **Vogel,** *„wo denkst du hin, du bist das Fres-*

sen für meine Kinder." Zu Antons Glück vergaß der **Vogel** *dabei, dass er, wenn er antwortet und seinen Schnabel öffnet,* **Anton** *nicht mehr festhalten kann – und so landete* **Anton** *etwas unsanft im Gras.* **Anton** *rappelte sich auf und versteckte sich sogleich. Der* **Vogel** *suchte noch eine kurze Weile nach* **Anton**, *gab aber dann die Suche auf, um ein neues Mittagessen für seine Kinder zu besorgen.*

Anton *nahm all seine verbliebenen Lebensgeister zusammen, und begann langsam zu verstehen, was gerade passiert war. So nachdenklich fanden ihn die anderen* **Raupen** *und* **Anton** *erzählte ihnen von seinem Abenteuer – wen er getroffen hatte: das* **Eichhörnchen** *mit seinem buschigen Schwanz, den* **Specht**, *der sein neues Zuhause hämmerte, und natürlich von dem gefährlichen schwarzen* **Vogel**. *Die anderen* **Raupen** *hörten ihm interessiert zu und bewunderten* **Anton** *für seinen Mut. Als die* **Raupen** *ihn fragten: „Wann machst du dich jetzt wieder auf den Weg zur Baumspitze?", da antwortete* **Anton**: *„Einmal ist genug. Ich habe ja fast den ganzen Himmel und fast die ganze Sonne gesehen. Außerdem war ich kurz davor, die ganze Welt sehen zu können. Ich glaube das reicht mir!"* **Anton** *wendete sich von den anderen* **Raupen** *ab und begann, sich in aller Ruhe durch ein riesiges saftiges Blatt zu fressen.*

Kreatives Angebot

Raupe auf einem Blatt

Alter: ab 4 Jahren
Material: grüne Wellpappe, je Raupe 5 grüne und 1 rote Perle, reißfeste Wolle, Schere, Sticknadel

Die Kinder malen sich ein Blatt auf die grüne Wellpappe und schneiden dieses aus. Am oberen und unteren Ende stechen sie ein Loch. Die fünf Perlen werden auf den Faden aufgezogen, wobei die erste und die letzte Perle am Faden festgeknotet wird. Somit ist die Raupe in der Mitte des Fadens fixiert. Die beiden Enden des Fadens jeweils durch ein Loch ziehen und hinter dem Blatt fest verknoten. Schon kann die Raupe durch das Ziehen am Faden auf dem Blatt bewegt werden.

Raupe aus Papprollen

Kreatives Angebot

Jedes Kind erhält bei diesem Angebot zwei leere Toilettenpapierrollen bzw. zwei halbe Küchenrollen. Die Kinder bemalen ihre Rollen mit zwei unterschiedlichen Farben. Sie schneiden sie nach dem Trocknen in drei gleich große Teile und kleben diese aneinander. Für den Kopf malen sie auf einem Tonkartonrest einen Kreis. Diesen Kreis versehen sie mit einem Gesicht und kleben ihn am vorderen Enden der Raupe an. Jetzt noch aus dem Biegeplüsch zwei Fühler schneiden und am Kopf befestigen.

Alter: ab 2 Jahren
Material: Papprollen (Klorollen, Küchenrollen), Fingerfarben, Kleber, Tonkartonreste, Pinsel, Schere, Kleber, Biegeplüsch

Erst Raupe dann Schmetterling

Fingerspiel

Alter: ab 2 Jahren

Eine kleine Raupe saß auf einem Blatt.
Zeigefinger der einen Hand auf den Handteller der anderen Hand legen
Sie fraß und fraß und wurde dennoch nicht satt.
Zeigefinger krümmen und strecken
Sie schmatzte laut mit vollem Mund,
Kaubewegungen mit dem Mund und schmatzen
wurde langsam dick und rund.
Arme ausbreiten (dick) und einen Kreis mit den Armen fahren (rund)
Sie spann sich ein enges Puppenhaus
Zeigefinger in eine Faust der anderen Hand stecken
und kroch erst nach Wochen wieder heraus.
Zeigefinger langsam aus der Faust schieben
Die kleine Raupe gab es nicht mehr, ein schöner Schmetterling kam daher.
Der breitete seine bunten Flügel aus
Die Arme ausbreiten
und flog fröhlich in die Welt hinaus.
Arme schwingen und fliegen

Steckbrief

Der Schmetterling

Es gibt annähernd 200.000 verschiedene Schmetterlingsarten. Schmetterlinge kommen in allen erdenklichen Farben vor. Die Schmetterlinge werden auch als Falter bezeichnet. Sie gehören zu den Insekten und werden zwischen 3 und 11 cm groß. Der Schmetterling ernährt sich von Blütennektar, den er auf Wiesen, Wäldern und auch Feuchtgebieten findet. Er fliegt sowohl tags- als auch nachtsüber.

Er ist ein Einzelgänger. Bevor er zum Schmetterling wird, durchläuft er drei weitere Phasen: Ei, Raupe, Kokon. Das Blut von Schmetterlingen hat eine gelbliche Farbe. Manche Schmetterlinge leben nur ein paar Tage, andere bis zu einem Jahr. Schmetterlinge haben im Laufe der Evolution unterschiedliche Taktiken zur Abwehr von Fressfeinden entwickelt: Sie ahmen z. B. andere Tiere wie Wespen nach. Oder sie tarnen sich, indem ihre Flügel die Zeichnung von Blättern annehmen, oder sie haben Augenflecken auf den Flügeln, die räuberischen Säugetieren ähneln ...

Kreatives Angebot

Schmetterling aus Papptellern

Alter: ab 3 Jahren
Material: Pappteller, Fingerfarben in allen Farben, schwarzes Tonpapier, Schere, Kleber, Biegeplüsch, Toilettenpapierrolle

Die Kinder falten den Pappteller aufeinander und schneiden ihn entlang der Mittellinie auseinander. In der Mitte der Schnittkanten – als Trennung für die Flügel – machen sie einen dreieckigen Einschnitt, den sie zum Rand hin abrunden. Die Kinder bemalen beide Hälften und achten dabei darauf, dass beide Seiten möglichst gleich aussehen. Eine Toilettenpapierrolle bemalen sie mit schwarzer Farbe. Nach dem Trocknen kleben sie die Flügel an der Rolle an. Sie schneiden einen schwarzen Kreis aus Tonkarton aus und kleben ihn auf die vordere Kante der Rolle. Jetzt noch die Fühler aus Biegeplüsch am Kopf befestigen.

Die Entwicklung eines Schmetterlings

Gespräch mit Legematerial

Alter: ab 3 Jahren
Material: für jedes Kind 1 Kopie der Abbildung unten, Buntstifte

Auf einem Blatt liegen kleine Eier, die ein Schmetterling dort abgelegt hat.
Malt das Blatt aus und lasst dabei die Eier weiß.
Aus diesen Eiern schlüpfen kleine Raupen, die sich tagelang durch das Blattwerk fressen.
Malt das Bild mit der Raupe aus.
Wenn die Raupen satt und ausgewachsen sind, hängen sie sich an einen Ast und verpuppen sich. Das heißt, sie wickeln sich mit einem selbst gesponnenen Faden ein. Diese Hülle wird hart und dunkel. Im Inneren beginnt jetzt die Verwandlung der Raupe.
Malt den Kokon braun aus.
Nach frühestens zwei Wochen bricht die Hülle auf und heraus kommt ein wunderschöner Schmetterling.
Malt einen bunten Schmetterling.

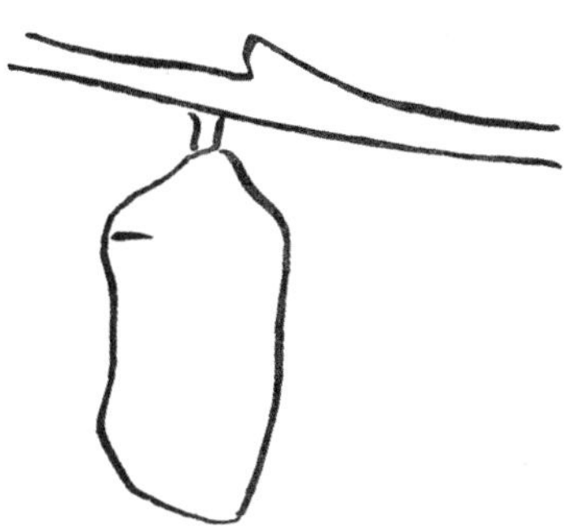

Bewegungsgeschichte

Ein Schmetterling auf der Wiese

Alter: ab 2,5 Jahren
Material: für jedes Kind 2 Chiffontücher und 1 Sitzkissen (Teppichfliese)

Verteilen Sie zu Beginn die Sitzkissen auf dem Boden des Raumes.

Heute wollen wir Schmetterlinge spielen. Ihr kennt doch alle Schmetterlinge? Das sind die schönen Tiere mit den wunderschönen Flügeln. Breitet eure bunten Flügel aus.

Jedes Kind bekommt zwei Chiffontücher (binden Sie jüngeren Kindern diese ans Handgelenk) und darf aufstehen.

Vergnügt und munter fliegen die Schmetterlinge nun über eine große bunte Wiese.

Die Kinder laufen durch den Raum und schwingen ihre Tücher. Dabei tanzen sie, drehen sich im Wind, fliegen rauf und runter. Die Kinder drehen sich um ihre eigene Achse, bücken und strecken sich (mehrmals wiederholen).

Schließlich haben die Schmetterlinge genug getanzt und sind hungrig geworden. Sie fliegen ganz langsam und suchend umher.

Die Kinder schleichen vorsichtig durch den Raum.

Überall auf der Wiese sehe ich schöne Blumen, die bestimmt mit köstlichem Nektar gefüllt sind. Sucht euch eine Blume. Seid vorsichtig, wenn ihr auf einer Blume landet.

Jedes Kind geht zu einem Sitzkissen.

Hm, ist hier der Nektar süß! Als ihr richtig satt seid und eure Blume gerade wieder verlassen wollt, da bemerkt ihr, dass ihr gar nicht alleine auf der Wiese seid. Fröhlich winkt ihr euch zu.

Alle Kinder blicken sich um und winken sich gegenseitig zu.

Sucht euch einen Partner und fliegt nun zusammen.

Jedes Kind sucht sich ein Partnerkind. Beide fassen sich an einer Hand und laufen nun gemeinsam durch den Raum.

Wollt ihr auch mal tanzen?

Die Kinder fassen sich an beiden Händen und hüpfen im Kreis.

Da sind ja noch mehr Schmetterlingspaare! Kommt, wir fassen uns alle an.

Alle Kinder kommen zu einem Kreis zusammen.

Lasst uns eng zusammengehen und wieder auseinander.

Alle Kinder gehen zur Mitte und wieder nach außen.

Welcher Schmetterling mag denn mal um den Kreis fliegen?

Ein Kind nach dem anderen fliegt um den Kreis herum.

War das schön!!! Verabschiedet euch winkend, denn jetzt werdet ihr wieder alleine fliegen.

Alle Kinder schwingen ihre Chiffontücher und laufen durch den Raum.

Seid ihr auch so müde? Sucht euch wieder eine schöne Blume, auf der ihr es euch ganz gemütlich machen könnt!

Jedes Kind geht zu einem Sitzkissen und setzt sich darauf.

Schließt eure Augen. Ihr spürt, dass es Abend wird. Ihr genießt die wärmenden Strahlen der untergehenden Sonne. Das tut gut! Schließlich schlaft ihr glücklich ein und träumt einen schönen Traum, vom Fliegen über eine bunte Blumenwiese.

Damit endet diese Bewegungseinheit.

Schmetterling mit Klapptechnik

Kreatives Angebot

Alter: ab 3 Jahren
Material: weiße Blätter (DIN A4), Wasserfarben, Tonkartonreste, Biegeplüsch, Schere und Kleber, evtl. Wäscheklammer, Schablone Vorlage 10 (Anhang S. 109), Stift

Die Kinder falten ihr Blatt quer in der Mitte und klappen es wieder auf. Sie bemalen das Blatt rechts oder links entlang des Falzes. Die Farbe darf nicht zu flüssig sein.

Dann legen sie die Blatthälften wieder aufeinander. Damit sich die Farben verteilen können, streichen sie ein wenig mit dem Handballen darüber, und wieder aufklappen.

Nach dem Trocknen wird die Schablone des Schmetterlings auf das Papier gelegt und der Umriss des Schmetterlings angezeichnet. Nach dem Ausschneiden wird evtl. der Körper aus schwarzem Tonkarton ausgeschnitten und über die Mitte des Blattes geklebt.

Den Schmetterling noch mit Fühlern aus Biegeplüsch versehen.

Klemmschmetterling

Als Variante kann auch ein Klemmschmetterling gestaltet werden. Hierzu den fertigen Schmetterling auf eine Wäscheklammer kleben.

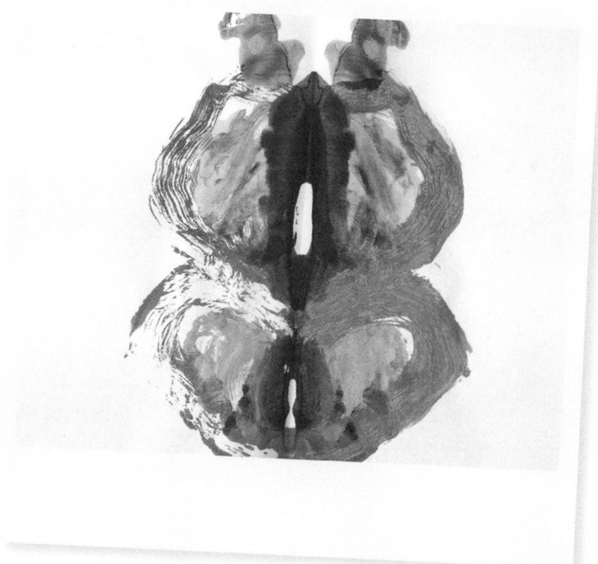

Legegeschichte

Ein Schmetterling will bunt sein

Alter: ab 3 Jahren
Material: Schmetterling aus weißem Malpapier, Stift, Schere, jeweils 2 Punkte (in Grün, Rot, Gelb, Blau, Braun), Bilder von Frosch, Marienkäfer, Biene, Pfau, Reh und Amsel

Die Färbung der Tiere hat für sie oft einen bestimmten Nutzen. So kann sich z.B. der grüne Frosch im Gras unsichtbar für seine Fressfeinde machen. In dieser Geschichte geht es um den Kohlweißling, eine Schmetterlingsart, die den Kindern zum Schluss zeigt, warum dieser Schmetterling eigentlich keine Farben braucht.

Auf ein weißes DIN-A3-Blatt einen Schmetterling aufmalen und ausschneiden. Jeweils zwei grüne, rote, gelbe, blaue und braune Kreise vorbereiten. Darauf achten, dass sie alle auf die Schmetterlingsflügel passen.

Die Kinder kommen zu einem Kreis zusammen. Sie dürfen erzählen, ob bzw. welche Schmetterlinge sie kennen. Dabei ist es wichtig, dass die Kinder die Schmetterlinge beschreiben. Danach wird zur Geschichte übergeleitet.

Heute habe ich euch eine Geschichte von einem Schmetterling mitgebracht.

Legen Sie den weißen Schmetterling in die Mitte.

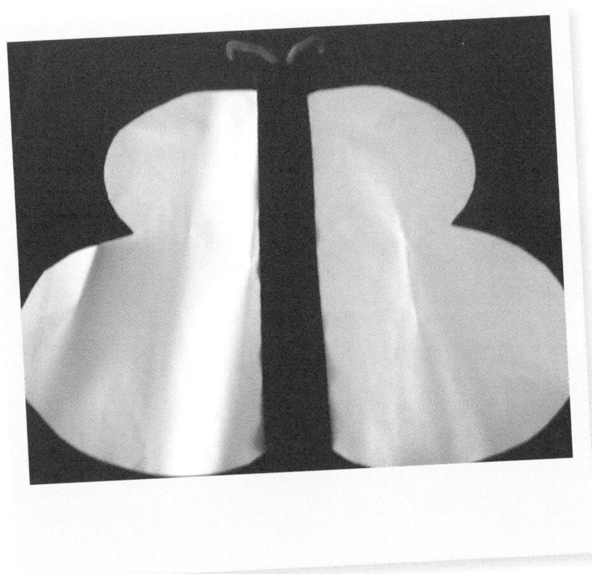

Dieser Schmetterling ist ein Weißling. Warum er so heißt, das könnt ihr euch sicher denken. Richtig, weil er keine Farben hat. Und das ist der Grund, weshalb er so traurig ist. Er wäre doch gerne auch so bunt wie seine Freunde, das Tagpfauenauge oder der Bläuling. Aber aufgeben gilt nicht!
Deshalb macht der Weißling sich heute auf den Weg, um andere Tiere zu bitten, ihm etwas von ihrer Farbe zu schenken.
Zuerst trifft der Weißling einen Frosch und bittet ihn um welche Farbe? „Bitte lieber Frosch, gib mir etwas von deinem Grün!"
Natürlich gibt ihm der Frosch etwas von seinem Grün ab und schon hat der Weißling zwei grüne Punkte auf seinen Flügeln.

Lassen Sie die Kinder auf jeden Flügel einen grünen Punkt legen.

So fliegt er weiter und findet im grünen Gras einen Marienkäfer, diesen bittet er um welche Farbe? „Bitte lieber Marienkäfer, gib mir etwas von deinem Rot!"
Und 1, 2, 3, schon hat er jetzt auf jeder Seite seiner Flügel einen roten Punkt.

Lassen Sie die Kinder die roten Punkte auf die Flügel legen.

An einer Blüte trifft er eine Biene. Was meint ihr, was für eine Farbe wünscht er sich von der Biene? „Bitte liebe Biene, gib mir etwas von deinem Gelb!“ Oh, wie schön, jetzt hat er auch noch gelbe Punkte auf seinen Flügeln.

gelbe Punkte auflegen

Da stolziert ein wunderschöner Vogel über die Wiese. Er schlägt mit seinem Gefieder ein Rad. Dieser Vogel heißt Pfau und er schenkt dem Weißling die Farbe Blau.

blaue Punkte auf die Flügel legen

Als er in die Nähe des Waldrandes kommt, begegnet er einem grasenden Reh, das er auch um etwas Farbe bittet. Von ihm bekommt er Braun.

die letzten beiden Punkte auf die Schmetterlingsflügel legen

Nun ist aus unserem Weißling ein bunter Schmetterling geworden. Was meint ihr? Gefällt ihm das? Nein, denn er ist jetzt der auffälligste Schmetterling weit und breit. Alle Tiere, die Schmetterlinge fressen wollen, können ihn schon von Weitem sehen.

Und als eine Amsel auf unseren Schmetterling zufliegt, um ihn zu fressen, wirft er schnell alle Farben wieder ab. So ist er wieder der kleine Weißling, und wenn er sich auf eine weiße Blüte setzt, kann ihn die Amsel nicht mehr sehen.

Fragen Sie die Kinder nach der Moral dieser Geschichte und führen Sie andere Beispiele für die Farben der Tiere an.

Tipp: Die Kinder suchen in Tierbüchern nach weiteren Beispielen. Sie werden noch sehr viel darüber finden, wie die Natur es eingerichtet hat, dass sich manche Tiere durch ihre Farbe vor Feinden schützen können.

Gemeinschafts-arbeit

Schmetterling aus Knülltechnik

Alter: ab 3 Jahren
Material: Seidenpapier in verschiedenen Farben, Flüssigkleber, großes Blatt (DIN A3), Bleistift

Knüllen schult sehr gut die Feinmotorik. Damit die Kinder an dieser immer gleichbleibenden Arbeit nicht die Lust verlieren, bietet sich dafür eine Gemeinschaftsarbeit geradezu an. Je nach Größe des Schmetterlings können alle Kinder der Gruppe daran mitarbeiten.

Die Kinder versammeln sich um einen Tisch in dessen Mitte das Plakat liegt. Zeichnen Sie gemeinsam mit den Kindern einen großen Schmetterling auf. Auf die Flügel malen die Kinder ein beliebiges Muster. Aber achten Sie darauf, dass beide Seiten gleich (ähnlich) gemustert sind. Die Kinder legen die Farben des Schmetterlings fest.

Jedes Kind übernimmt nun einen Teil, um den Schmetterling mit der Knülltechnik zu verschönern. Dazu reißen sie Schnipsel von dem Seidenpapier, knüllen diese und kleben sie mit einem Klebepunkt des Flüssigklebers aneinander.

Schmetterlinge aus Blätterteig

Hauswirtschaftliches Angebot

Alter: ab 3 Jahren
Material: Blätterteig (TK), bunte Zuckerstreusel, bunte Schokolinsen, Zitrone und Puderzucker, Backpapier und die Vorlage 10 vom Schmetterling (Anhang S. 109), Karton, Pinsel, Messer

Die Vorlage auf festen Karton übertragen und ausschneiden.

Die Blätterteigplatte auf einer Backunterlage ausbreiten. Darauf die Vorlage legen und die Schmetterlingsform mit dem Messer umfahren. Den Schmetterling auf das Backpapier legen und in einem vorgeheizten Backofen bei 170 °C goldbraun backen.

Aus Puderzucker und einigen Spritzern Zitronensaft einen Guss anrühren. Die abgekühlten Schmetterlinge damit bestreichen und sogleich die Streusel darüber streuen.

Es kann auch ein Schokoladenguss und andere essbare Deko sein.

Welcher Schmetterling verbirgt sich im Kokon?

Stuhlkreisspiel

Alter: ab 2,5 Jahren
Material: Decke oder Tücher

Bei diesem Spiel sind die Kinder kleine Raupen, die sich nacheinander verpuppen und als Schmetterlinge davonfliegen!

Alle Kinder sitzen als kleine Raupen in einem Kreis. Ein Rate-Kind wird aus dem Zimmer geschickt oder muss sich umdrehen und die Augen schließen.

Eines der übrigen „Raupen-Kinder" wird ausgewählt und mit der Decke bzw. den Tüchern ganz bedeckt, sodass es gut in seinem Kokon eingesponnen ist. Das Rate-Kind wird herbeigerufen und darf erraten, welches Raupen-Kind als Schmetterling ausschlüpfen wird.

Wird der Name des versteckten Kindes richtig genannt, befreit es sich von den Tüchern und fliegt die Arme schwingend als Schmetterling davon – es darf beim nächsten Durchgang raten!

Tipp: Raffiniert ist es natürlich, wenn sich noch ein oder zwei Kinder versteckt haben, sodass sie auch nicht sichtbar sind. Dann muss der Schmetterling vielleicht einen Fühler (eine Hand oder einen Fuß) aus dem Kokon strecken, damit das Rate-Kind einen Anhaltspunkt erhält.

Frühlingszeit - Osterzeit

Ostern ist laut Neuem Testament im Christentum die jährliche Gedächtnisfeier zum Tod und zur Auferstehung Jesu. Das Osterfest fällt in der Westkirche immer auf den Sonntag nach dem ersten Frühlingsvollmond. Danach richten sich auch die Daten der beweglichen Festtage des Osterfestkreises. Die Gottesdienste erstrecken sich seitdem in den meisten Liturgien von der Feier des letzten Abendmahls am Gründonnerstagabend, dem Vorabend des Karfreitags über den Karsamstag, den Tag der Grabesruhe des Herrn, bis zum Anbruch der neuen Woche am Ostersonntag.

Mit dem Ostersonntag beginnt die österliche Freudenzeit („Osterzeit"), die bis einschließlich Pfingsten 50 Tage dauert. Im Mittelalter war auch die restliche Woche nach dem Ostersonntag eine Feierwoche. Später wurde dieser arbeitsfreie Zeitraum verkürzt, bis nur noch der Ostermontag als gesetzlicher Feiertag übrig blieb.

Um das Fest herum haben sich bei uns viele Osterbräuche entwickelt. So suchen die Kinder bunt bemalte Eier und Süßigkeiten, die vom „Osterhasen" versteckt wurden. Es gibt auch den Brauch, Zweige im Garten oder in der Vase mit bunt bemalten Ostereiern zu schmücken. Als Ostergebäck gibt es einen Kuchen in Hasen- oder Lammform.

Das Ei gilt in der Kirche von jeher als Symbol für die Auferstehung. Aber es ist nicht so ganz klar, warum gerade der Hase mit Ostern in Verbindung gebracht wird. Eine mögliche Erklärung besagt, dass der Hase das Symbol der Fruchtbarkeitsgöttin Eostre war. Das Fest der Eostre wurde als Ostara im Frühling gefeiert. Da der Hase sich gerne vermehrt, lag die Verbindung irgendwie nahe. So wurde der Hase von der christlichen Kirche in die ganze Geschichte und Mythologie um Ostern herum integriert. Eine richtige Erwähnung des Osterhasen gab es aber erst Ende des 17. Jahrhunderts – ausgerechnet von einem Mediziner, der davor warnte, zu viele Eier zu essen. So richtig populär wurde der Osterhase aber erst 200 Jahre später, als überall Spielzeugfiguren, Osterhasen-Bilderbücher und natürlich die Schokoladen-Osterhasen auftauchten. Folglich hat der Osterhase seinen Job noch gar nicht so lange. Davor waren es je nach der Region andere Tiere: ein Fuchs oder ein Kuckuck, ein Storch oder ein Ostervogel.

Der Kreuzweg

Legegeschichte

Alter: ab 3 Jahren
Material: grünes, rotes, braunes, 2 schwarze und 1 weißes Tuch, Palmkätzchenzweige, Brot, Traubensaft im Glas, Seil, Kreuz, Dornenkrone (Ring aus Zweigen gebunden), blühende Blume, Schwert

An Ostern wird die Auferstehung Jesu gefeiert. Was an Ostern passiert ist, wird hier kindgemäß und leicht verständlich den Kindern aufgezeigt. Es sollte dabei kurz wiederholt werden, wer Jesus war, und dann beginnt die Geschichte am Palmsonntag.

Jesus machte sich auf den Weg nach Jerusalem. Als er dort ankam, freuten sich die Menschen dort sehr darüber, dass Jesus zu ihnen gekommen war. Sie hatten davon gehört, dass er schon vielen armen und kranken Menschen geholfen und Wunder bewirkt hatte. Deshalb sahen sie ihn als ihren Retter an. Die Leute legten Kleidung und Palmzweige auf den Boden, um Jesus zu ehren.

Grünes Tuch ausbreiten – die Kinder dekorieren es mit Zweigen.

Am Gründonnerstag feierte Jesus zusammen mit seinen besten Freunden, den 12 Aposteln, das Abendmahl. Während des Essens brach er das Brot, um es mit seinen Aposteln zu teilen. Ebenso teilte er den Wein mit ihnen.

Rotes Tuch hinter das grüne legen und Brot und Traubensaft im Glas werden auf das Tuch gestellt.

Zur gleichen Zeit waren die Stadtoberhäupter besorgt. Ihnen machte es Angst, dass ihr Volk Jesus wie einen König feierte. Deshalb wollten sie Jesus aus dem Weg räumen. Auch Jesus war besorgt, denn er ahnte, dass ihn einer der Apostel an die Stadtoberhäupter verraten würde. Dennoch ging er nach dem Essen mit ihnen auf den Ölberg, um zu beten.

Das braune Tuch hinter das rote legen.

Hier passierte es. Judas, einer der Apostel Jesu, verriet ihn an die Stadtoberhäupter und zeigte ihnen, wo Jesus war. Als Lohn dafür bekam er Geld. Jesus wurde festgenommen.

Auf das braune Tuch werden ein Seil und ein Schwert gelegt.

Sie machten Jesus den Prozess. Er wurde zum Tode verurteilt. Er bekam eine Dornenkrone und musste alleine das Kreuz tragen, an das er genagelt werden sollte.

Die beiden schwarzen Tücher quer an beiden Seiten des braunen Tuches anlegen und auf eines das Kreuz, auf das andere die Dornenkrone legen.

Als Jesus starb, waren seine Freunde sehr traurig. Sie wickelten seinen Leichnam in ein Leinentuch und legten ihn in ein Grab. Bevor sie gingen, schoben sie einen schweren Stein vor den Eingang der Grabeshöhle.
An Ostersonntag kamen einige Frauen zum Grabe Jesu, um ihn mit duftenden Ölen einzureiben, so wie es damals üblich war. Aber sie erschraken: Der schwere Stein, vor der Höhle war zur Seite gerollt. Jesus lag nicht mehr in dem Grab. Aber die Frauen begegneten dort einem Engel, der ihnen sagte, dass Jesus nicht mehr tot sei.

Weißes Tuch anlegen und eine blühende Blume darauflegen.

Jesus ist auferstanden!
Jesus hat die Erde dann doch verlassen und ist zurück zu Gott, seinem Vater, in den Himmel gegangen. Doch das ist eine andere Geschichte, die die Christen an einem anderen Tag feiern: Christi Himmelfahrt.

Anmerkung: Bei der Geschichte ist es wichtig, die Kinder in das Geschehen mit einzubinden, sie durch Fragen denken zu lassen.

Durch das Legen der Tücher und Gegenstände sind die Kinder aktiv beteiligt. Das letzte Abendmahl können Sie ausweiten, indem Sie mit den Kindern Traubensaft trinken und ein Stück Brot essen.

Lassen Sie die Kinder das weiße Tuch nicht nur mit einer Blume schmücken, sondern mit vielen Blumen oder bunten Steinen, um so das „Frohsein“ über die Auferstehung Jesus auszudrücken – aber auch Raum zu schaffen, damit sich der Schmerz und die Angst, die die Geschichte auslösen kann, wieder verflüchtigen können.

Hanna und die Ostereier-Suche

Geschichte

Alter: ab 3 Jahren

Hanna wohnt mit ihren Eltern in der Stadt. Die Wohnung mit einem Balkon ist im fünften Stock eines Hochhauses.

Bald ist Ostern. Heute hat Hanna im Kindergarten erfahren, dass an Ostern der Osterhase die Eier im Gras versteckt. Seitdem ist sie traurig und sagt zu ihrer Mama: „Zu mir kommt der Osterhase bestimmt nicht, denn wir haben ja keinen Garten, in dem der Osterhase die Eier im Gras verstecken kann." Da hat ihre Mama eine Idee. „Morgen fahren wir zu Opa", sagte sie, „pack schnell deine Sachen. Du hast mir doch erzählt, wenn der Osterhase kommt, legt er seine Eier am liebsten ins grüne Gras – und Gras gibt es bei Opa im Garten!" Hanna sah ihre Mama ungläubig an und fragte: „Woher weiß der Osterhase, dass er meine Ostereier bei Opa im Garten verstecken soll?" Doch ihre Mama zerstreut diesen Gedanken: „Der Osterhase weiß das."

Hanna freute sich nun noch mehr auf die Reise zu ihrem Opa, denn sie mochte ihren Opa gerne. Er konnte so tolle Geschichten erzählen. Hannas Opa hatte einen großen Garten mit vielen alten Bäumen. Dort konnte man sich wunderschön verstecken und auch der Osterhase würde gute Verstecke für die Eier finden. Ob sie lange suchen würde? Hanna war ganz schön aufgeregt. Als sie ankamen, stand der Opa schon am Fenster und winkte. „Schön, dass ihr da seid. Kommt herein, der Kaffee steht schon auf dem Tisch", begrüßte er sie. „Für dich, Hanna, habe ich Kakao gemacht." Wie jedes Jahr gab es dazu einen selbst gebackenen Osterkuchen. Hanna hatte keinen Hunger. Sie trank schnell ihren Kakao. „Kann ich nicht gleich suchen gehen?", bettelte sie. „Nein, du musst noch warten, wir gehen alle zusammen", antwortete die Mutter mit einem strengen Blick auf ihre ungeduldige Tochter. „Ich muss mal!", sagte Hanna und verschwand. Sie ging zur Toilette und danach wollte sie aus dem Fenster schauen. Sie nahm den kleinen Hocker, den sie auch brauchte, um sich am Waschbecken die Finger zu waschen, und stellte ihn ans Fenster und blickt neugierig hinaus. Warum ist Opa schon im Garten. Was macht der da? Gerade wollte sie ihn rufen, da sah sie, dass Opa ein Körbchen in der Hand hatte. Wie gemein, die haben nicht auf mich gewartet! – denkt sich Hanna und traut ihren Augen kaum, der Opa versteckt das Körbchen im Holzstapel. Hanna rennt zu ihrer Mutter und kam gleichzeitig beim Opa ins Zimmer. Der sagte: „Ich glaube, der Osterhase war gerade da." Fast hätte Hanna gerufen: Du lügst, du warst doch draußen. Aber sie schluckte nur. Sie beschloss, ihre Entdeckung erst mal für sich zu behalten. Da Hanna den Opa gesehen hatte, brauchte nicht zu suchen. Zielstrebig ging sie auf das Versteck zu und hielt ihr Körbchen hoch. „Das war nicht der Osterhase", platzte es jetzt aus ihr heraus. „Du meinst, der Osterhase legt seine Eier immer ins Gras", lacht ihre Mutter, „und nicht zwischen die Holzscheite?" Der Opa legt beruhigend den Arm auf Hannas Schulter. „Komm ich erzähle dir, wie die Eier auf den Holzstapel gekommen sind." Jetzt war Hanna gespannt, wie Opa sich da herausreden würde. Sie setzte sich zu Opa auf die Gartenbank.

„Also, als du gerade auf der Toilette warst, klopfte es an der Tür. Stell dir vor, der Osterhase war es. Er hatte heute Morgen verschlafen und war jetzt ganz spät dran. Er jammerte, dass er es jetzt nicht schafft allen Kindern die Ostereier zu bringen. Er hatte auch schon seine Freunde, die anderen Tier um Hilfe gebeten. Doch die Amsel sprach: Nein, unmöglich, ich muss mein Nest bauen. Die Maus sagte: Ich bin zu klein, die Eier sind mir viel zu schwer. Herr Fuchs meinte: Ich muss unsere Jungen versorgen. Der Specht sagte: Wie soll ich die Eier in meinem Schnabel tragen, und die Eule, die hatte einfach keine Lust. Da hat der Osterhase fast geweint und zu mir gesagt: Die Eier bemalen habe ich noch geschafft, aber sie zu allen Kindern bringen, das schaff ich nicht." „Gibt es denn

nur einen Osterhasen?", fragte Hanna dazwischen.

Der Opa nickte: „Leider, früher gab es viele Osterhasen. Heutzutage sind sie so selten. Zu viele Straßen, zu wenig Wiesen und Hecken, wo er sich verstecken kann. Ja, in meiner Kindheit gab es noch viele, unzählig viele Hasen." „Dann muss ein Hase jetzt alles alleine machen?", fragte Hanna weiter. „Du hast recht, deswegen war er ja so traurig und deshalb hast du mich gesehen, ich habe nämlich entschieden, dieses Jahr dem Osterhasen zu helfen. Ich habe das Körbchen von ihm bekommen und wollte es dir nicht einfach so geben, da ich weiß, wie gerne du suchst. Also habe ich es schnell im Holzstapel versteckt. Es sollte nicht zu einfach für dich sein." Hanna umarmte ihren Opa. Sie wusste jetzt, dass er sie nicht täuschen wollte. Er hatte die Ostereier versteckt, nur um ihr eine Freude zu bereiten und dem Osterhasen zu helfen. „Du bist der beste Opa von allen und bestimmt hilfst du dem Osterhasen nächstes Jahr wieder, wenn er deine Hilfe braucht", sagte sie.

Damit hatte sie ganz sicher recht.

Bewegungsgeschichte

Hoppel und Moppel

Alter: ab 4 Jahren
Material: Tischtennisbälle, Korb, Kissen

Hoppel und Moppel sind zwei Hasen, die nichts als lustige Streiche im Kopf haben. Eines Morgens, es war kurz vor Ostern, wachten die beiden ganz früh auf, sprangen aus den Betten und liefen schnell ins Bad.

Kinder laufen durch den Raum.

Dort duschten sie sich.

Kinder spielen duschen.

Sie putzten sich die Zähne und kämmten sich ihr Fell.

Kinder putzen Zähne und kämmen Haare.

Die Mutter wartete schon mit dem Frühstück auf die beiden, denn es war noch viel für Ostern zu tun. Hoppel aß ein Kohlblatt und Moppel knabberte flink seine Karotte.

Kinder knabbern.

Dabei sagte die Mutter: „Es müssen noch viele Eier bemalt werden. Es ist bald Ostern und die Kinder sollen sich doch über die bunten Ostereier freuen, wir brauchen jede Hilfe!" Schnell wie der Blitz sausten Hoppel und Moppel aus dem Haus und rannten in die Ostereier-Werkstatt.

Kinder rennen durch den Raum.

In der Werkstatt saß schon Papa Hase und malte fleißig Eier an. Hoppel und Moppel setzten sich dazu.

Kinder setzen sich in einen Kreis.

Beide nahmen sich ein Ei aus dem Korb.

Kinder nehmen sich aus einem Korb einen Tischtennisball.

Hoppel tauchte seinen Pinsel in die rote Farbe und begann mit dem Eiermalen. Moppel tupfte seine Eier gelb wie die Sonne.

Kinder malen ihre Eier an.

Da sagte Papa: „Malt schön weiter, ich hole neue Eier." Kaum war Papa aus der Werkstatt, fingen die beiden Hasenkinder an, ihre Eier in die Luft zu werfen und wieder aufzufangen.

Kinder werfen die Bälle in die Luft und fangen sie wieder auf.

„Meinst du, wir können sie noch höher werfen?"

Kinder stehen auf und werfen die Eier hoch.

„Schau mal, ich kann auch Fußball spielen!"

Kinder kicken den Ball mit den Füßen.

Moppel rief stolz: „Schau mal, ich kann es mit dem Kopf!"

Kinder krabbeln über den Boden und schieben den Ball mit dem Kopf.

„Und ich kann sogar pusten", erwiderte Hoppel.

Kinder pusten den Ball durch den Raum.

„Schau mal, ich kann mein Ei balancieren."

Kinder legen sich den Tischtennisball auf die flache Hand (Kopf, Schulter) und laufen durch den Raum.

„Lass uns mal probieren, ob wir drei Eier in einer Hand tragen können."

Kinder legen sich noch zwei weitere Bälle auf die flache Hand.

„Hoppel, meinst du, sie gehen kaputt, wenn wir sie werfen?" „Nein, wir werfen sie in den Korb und legen vorher ein Kissen rein."

Kinder werfen die Bälle in einen bereitgestellten Korb mit Kissen.

„Noch mal, diesmal von weiter weg."

Kinder holen ihre Bälle und vergrößern den Abstand zum Korb..

„Psssst, Papa kommt wieder!"

Alle Kinder setzen sich.

Der kluge Hasenvater erkannte sofort, dass die beiden etwas angestellt hatten. Er sah, dass noch keine Eier angemalt waren. „Habt ihr wieder getrödelt. So werden wir nie fertig. Also los!" Da hatten die beiden eine Idee: Hoppel macht einen blauen Strich, gibt das Ei weiter und nimmt sich ein neues.

Kinder geben ihre Bälle durch den Kreis.

Moppel hat die Idee, es auch mal hinter dem Rücken zu versuchen.

Kinder geben die Bälle von einer Hand zur nächsten Hand hinter ihrem Rücken weiter.

„So, alle Eier sind angemalt, jetzt legen wir sie zum Trocknen."

Alle Bälle nebeneinanderlegen.

Auch wenn die beiden mal wieder Streiche ausgeheckt hatten, musste der Papa sie loben und die beiden durften nach draußen zum Spielen gehen.

Damit endet diese Bewegungseinheit.

Kreatives Angebot

Pappmaschee-Hase

Alter: ab 4 Jahren
Material: Kleister, weißes Papier, Luftballon. Becher, Wasser, braune Fingerfarbe, schwarzer Stift, Schere, Kleber, Tonpapier (hellbraun und weiß), Tonkarton (schwarz und braun), Vorlage Hase (Anhang S. 114)

Den Kleister nach der Anleitung anrühren und das weiße Papier in Schnipsel reißen. Den Luftballon aufpusten und mit den Schnipseln bekleben. Dabei mindestens drei Lagen Papier aufkleben. Nach dem Trocknen wird der Ballon mit brauner Fingerfarbe bemalt.

Die Ohren, Arme und Füße auf den braunen Tonkarton, die Augen, Innenohren, Schnauze und Zähne auf den weißen Tonkarton und die Nase sowie die Barthaare auf schwarzen Tonkarton aufzeichnen und ausschneiden. Für den Körper einen Streifen braunen Tonkarton (40 cm lang und 20 cm hoch) zuschneiden. Die kurzen Enden zusammenkleben und vorne einen 20 cm breiten und 3 cm tiefen Halsausschnitt ausschneiden. Den Luftballon in den Ring setzen. Jetzt alle ausgeschnittenen Teile am Luftballon und am Körper befestigen. Noch mit einem schwarzen Stift die Pupillen, Augenbrauen und die Unterteilung der Zähne aufmalen.

Der Osterhase hat verschlafen

Erlebnisturnen

Alter: ab 3 Jahren

Es ist kurz vor Ostern. Schon seit vielen Wochen arbeitete der Osterhase ohne Pause, bis er vor Müdigkeit kaum noch den Pinsel halten konnte und beschloss, sich kurz ins Bett zu legen. Er schlief sofort ein.
Doch als er wieder wach wurde, da traute er seinen Augen nicht: Alle Eier, die er doch dringend brauchte, waren verschwunden! Wer hilft mir, den Eierdieb zu finden?
Alle! Kommt dann gehen wir mal los.

Alle Kinder laufen durch den Raum.

Zuerst schauen wir mal bei den Vögeln im Nest nach, das ist ganz oben im Baum.

Die Kinder spielen klettern.

Nein, keine Eier zu sehen. Na dann müssen wir weitersuchen.

Kinder laufen durch den Raum.

Vielleicht war es ja der Igel. Hier ist ein Igelbau. Dort müssen wir einmal hineinkrabbeln und nachsehen!

Alle Kinder krabbeln über den Boden.

Nein, auch hier sind sie nicht. Vielleicht bei den Fröschen am Seerosenteich. Da müssen wir über die Seerosenblätter hüpfen.

Kinder hüpfen wie Frösche.

Wer ist nur der Eierdieb? War es vielleicht der Adler. Dort oben am Berg hat er sein Nest. Lasst uns den Berg nach oben steigen.

Kinder spielen bergsteigen.

Nein, auch hier sind keine Eier! Jetzt wird die Zeit aber knapp. Rollt schnell den Berg hinunter.

Kinder rollen durch den Raum.

Jetzt habe ich noch eine Idee: die Feldmäuse. Da müssen wir aber in einen engen Mäusebau kriechen.

Kinder kriechen über den Boden.

Schaut mal, eine Pferdeweide. Die Eier könnten ja im Pferdetrog sein. Also nachschauen. Galoppiert mit mir über die Weide.

Kinder reiten im Pferdegalopp.

Die einzige Möglichkeit, wer unsere Eier gestohlen haben könnte, ist noch der Bär. Dort ist seine Höhle. Da müssen wir hinein. Aber aufgepasst! Der Bär könnte noch in seiner Höhle sein und schlafen. Schön leise sein!!!

Kinder schleichen.

Pst, leise, ich sehe den Korb, ob die Eier noch darin sind? Ja, dann schnell den Korb nehmen und ihn zum Osterhasen zurückbringen.

Die Kinder rennen noch einmal durch den Raum.

Geschafft. Vielen, vielen Dank ihr Kinder, dass ihr mir geholfen und die Eier gefunden habt. Jetzt kann ich sie endlich bemalen und verstecken. Und ihr könnt euch auf eine bunte Ostereier - Suche freuen.

Damit endet diese Bewegungseinheit.

Kreatives Angebot

Küken im Ei

Alter: ab 4 Jahren
Material: 1 Plastikei, gelbe Wolle, Pappe, 2 Wackelaugen, rotes Papier, Schere, Kleber, Schaschlikspieß

Für einen kleinen Pompon zwei Kreise auf Pappe mit dem Radius von 2 cm und einem Innenkreis von 1,5 cm aufzeichnen. Die Außenkreise und die Innenkreise ausschneiden. Die beiden Kreishälften übereinanderlegen und mit der gelben Wolle umwickeln, bis das Loch in der Mitte geschlossen ist. Die Fäden am Rand des Kreises durchschneiden. Einen Faden zwischen die Pappkreise legen und fest verknoten. Jetzt kann die Pappe entfernt werden. Den Pompon etwas in Form schneiden.

Das Plastikei teilen, dabei sollte ein Teil größer sein als der andere. Es sollte so aussehen, als wäre es ein zerbrochenes Ei. Den Pompon in die größere Eierschale setzen und die kleinere als Hütchen darauf. Den Pompon mit zwei Wackelaugen versehen. Für den Schnabel aus rotem Papier eine Raute schneiden, in der Mitte knicken und am Pompon befestigen. Von unten noch ein Schaschlikspieß in das Ei schieben.

Streit auf dem Hühnerhof

Geschichte

Alter: ab 3 Jahren

„Los! Los! Hopp! Hopp! Beeilt euch! Es ist höchste Zeit!“ Laut hallten die Befehle über den Hühnerhof. Hahn Karl hockte neben dem Osterhasen auf einer Gartenbank und blickte zu den Hennen hinüber, die auf ihren Nestern saßen und Eier legten.

Der Osterhase war schon etwas ungehalten, dass er warten musste, und sagte: „Deine Hennen sind zu langsam. Ich brauche dringend Eier, viele Eier sogar.“

Die Hennen schauten zu den beiden. „Was soll denn das?“, schimpften sie los. Ihnen reichte es! Hannelore, Hildegard und Helma liefen zu den beiden rüber. Jedes Jahr das gleiche Spiel, immer dieser Zeitdruck und immer mehr Eier wollte dieser Hase von ihnen und bedankt hatte er sich bei ihnen noch nie. „Gibt es ein Problem?“, rief Helma Karl und dem Osterhasen zu. „Willst du mit uns streiten?“, beschwerte sich Hildegard mit kampflustig aufgestelltem Kamm. „Was will er von uns?“, erkundigte sich Hannelore, „ist da jemand nicht zufrieden mit unserer Arbeit?“ Karl, der Hahn, hatte keine Lust sich mit den Hühnern zu streiten und knurrte: „Fragt, den Hasen. Er wird es euch erklären.“

„Jaja“, schimpfte Hildegard weiter, „hat der Herr Hase etwas zu meckern?“

Mit drohender Miene baute Hannelore sich vor dem Hasen auf.

Erschrocken sprang der Osterhase von der Bank. Hannelore konnte manchmal wirklich sehr herrisch sein. Der Osterhase hatte fast ein bisschen Angst vor ihr. „Nun, sag schon, ewig haben wir keine Zeit!“, zeterte Hannelore weiter. „Was läuft falsch?“

Hahn Karl konnte sich ein Grinsen nicht verkneifen. Ein Osterhase, der sich vor seinen Hühnerdamen zu fürchten schien, gab aber auch ein besonders lustiges Bild ab. „Er will wieder eure Eier, wie jedes Jahr zu Ostern“, warf er lässig ein. „Nicht zu wenig dieses Mal, sondern viele.“

„Was? Habe ich das richtig gehört? Dieser Hase hat wohl einen Maikäfer gefrühstückt, er will wieder unsere Eier, die kriegt er dieses Jahr nicht.“ Nun hatten sich alle drei Hennen vor dem armen Osterhasen aufgebaut, dass der doch glatt darüber nachdachte, ob es nicht klüger wäre davonzuhoppeln.

„Die Menschen sind es, die mich antreiben“, stammelte er. „Die brauchen die Eier. Dafür kann ich doch nichts!“ „Dann musst du nächstes Jahr früher anfangen, die Eier von uns zu sammeln oder einfach etwas freundlicher zu uns sein“, sagte Hildegard. „Ich weiß, das ist meine Schuld“, sagte der Hase, ging noch einen weiteren Schritt zurück und duckte sich vor den drei Hennen. Das sah so lustig aus, dass alle drei laut anfingen zu lachen. Da merkte der Osterhase, dass die Hühner sich nur einen Spaß mit ihm erlaubten und er lachte erleichtert. Als sich alle wieder beruhigt hatten, bekam er seine Eier und sogar ein paar mehr, als er gebraucht hätte. Dieses Mal bedankte er sich auch und versprach, das nächste Jahr früher zu kommen.

Kreatives Angebot

Handabdruck Huhn und Hahn

Alter: ab 2 Jahren
Material: Fingerfarbe (weiß, rot,-gelb,blau, grün, schwarz und braun), Pinsel, evtl. Papier

- Für ein Huhn die ganze Hand mit brauner Fingerfarbe bemalen.
- Für einen Hahn Daumen und Handinnenfläche in Weiß, Zeigefinger, Mittelfinger, Ringfinger und kleiner Finger in unterschiedlichen Farben bunt anmalen.

Die Hand auf ein Papier oder Fenster drücken, dabei auf die Haltung der Hand achten. Die Farbe trocknen lassen und dann die Füße, den Schnabel, das Auge und den Kamm anmalen.

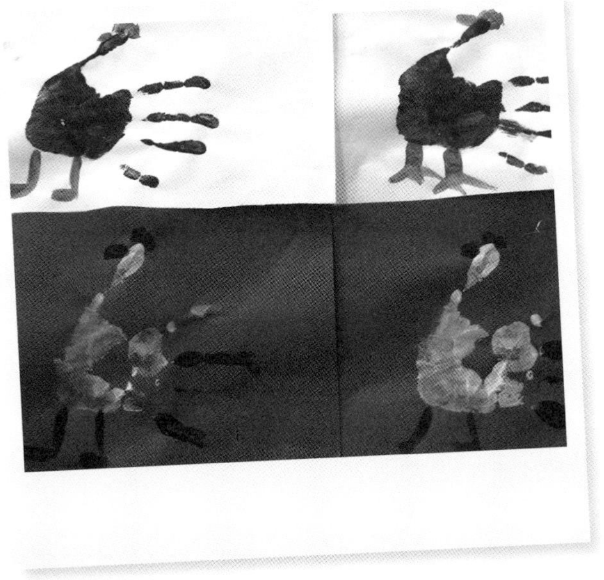

Kreatives Angebot

Eier färben mit Naturfarben

Alter: ab 3 Jahren
Material: weiße rohe Eier, Essig, Topf, Sieb, Naturmaterial je nach Farbe

Diese Naturfarben sind gesundheitlich unbedenklich und deshalb sehr gut geeignet um mit Kindern Eier zu färben. Farben aus dem Supermarkt können Zusatzstoffe enthalten, die allergieähnliche Reaktionen auslösen können.

Mögliche Farben der Natur

für rote Eier:	Rote Bete oder Rotkohl
für blaue Eier:	Heidelbeeren
für gelbe Eier:	Kamillentee
für braune Eier:	Kaffee, Tee, Zwiebelschalen
für grüne Eier:	Spinat

Bevor man mit dem Ostereier-Färben beginnen kann, muss der Farbsud hergestellt werden. Dazu die Zutaten der jeweiligen Farbe in Wasser geben und kochen lassen. Je nach Pflanzenart kann die Zeit, bis das Wasser die Farbe annimmt, unterschiedlich sein. Deshalb kann keine Zeit angegeben werden. Bei Rote-Bete-Saft geht es in nur wenigen Minuten, bei Zwiebelschalen kann es schon mal 30 Minuten dauern.

Nach dem Kochen den Farbsud durch ein Sieb schütten und alle Reste entfernen.

Die Eier vor dem Färben hart kochen und anschließend mit Essig abreiben, dieses Abreiben hebt die Farbintensität.

Die Eier werden vorsichtig in den erkalteten Farbsud gelegt. In der Regel haben sie nach ungefähr einer halben Stunde eine kräftige Farbe angenommen. Wird ein zarter Farbton gewünscht, können die Eier natürlich auch früher aus dem Sud herausgenommen werden. Zum Trocknen legt man sie dann auf ein Küchentuch.

Nach dem Trocknen können die Ostereier noch mit ein paar Tropfen Speiseöl abgerieben werden. Dies bringt die Farbe zum Glänzen.

Tipp: Die Kinder können vor dem Färben die Eier mit Wolle umwickeln, so erhalten die Eier wunderschöne Muster.

Anhang

Vorlage 1 zu: Was brauchen Pflanzen zum Wachsen? (S. 18), Pflanz-Mobile (S. 20)

Pflanztagebuch

	Pflanztag	1. Woche	2. Woche	3. Woche	4. Woche
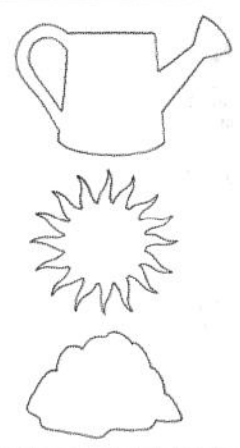					

Vorlage 2, Arbeitsblatt zu: Aufbau einer Pflanze (S. 32)

Ordne den Pflanzen die richtige Wurzel zu.

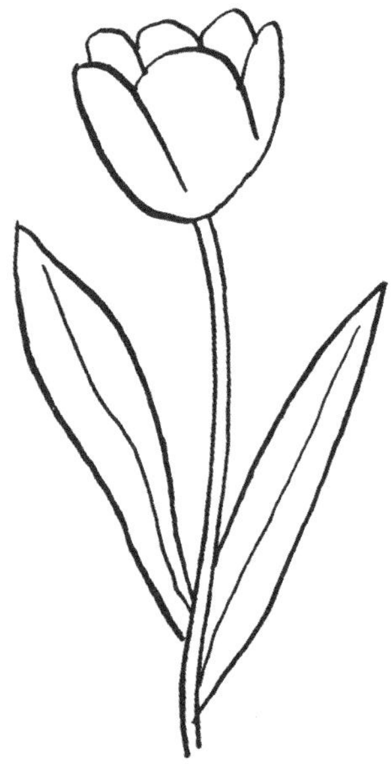

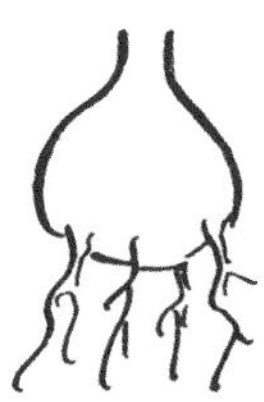

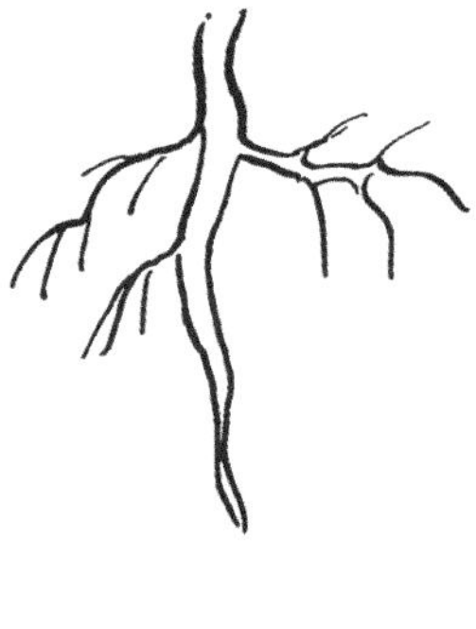

Vorlage 3 zu: Tulpe mit Transparentpapier (S. 37), 3D-Tulpe (S. 38)

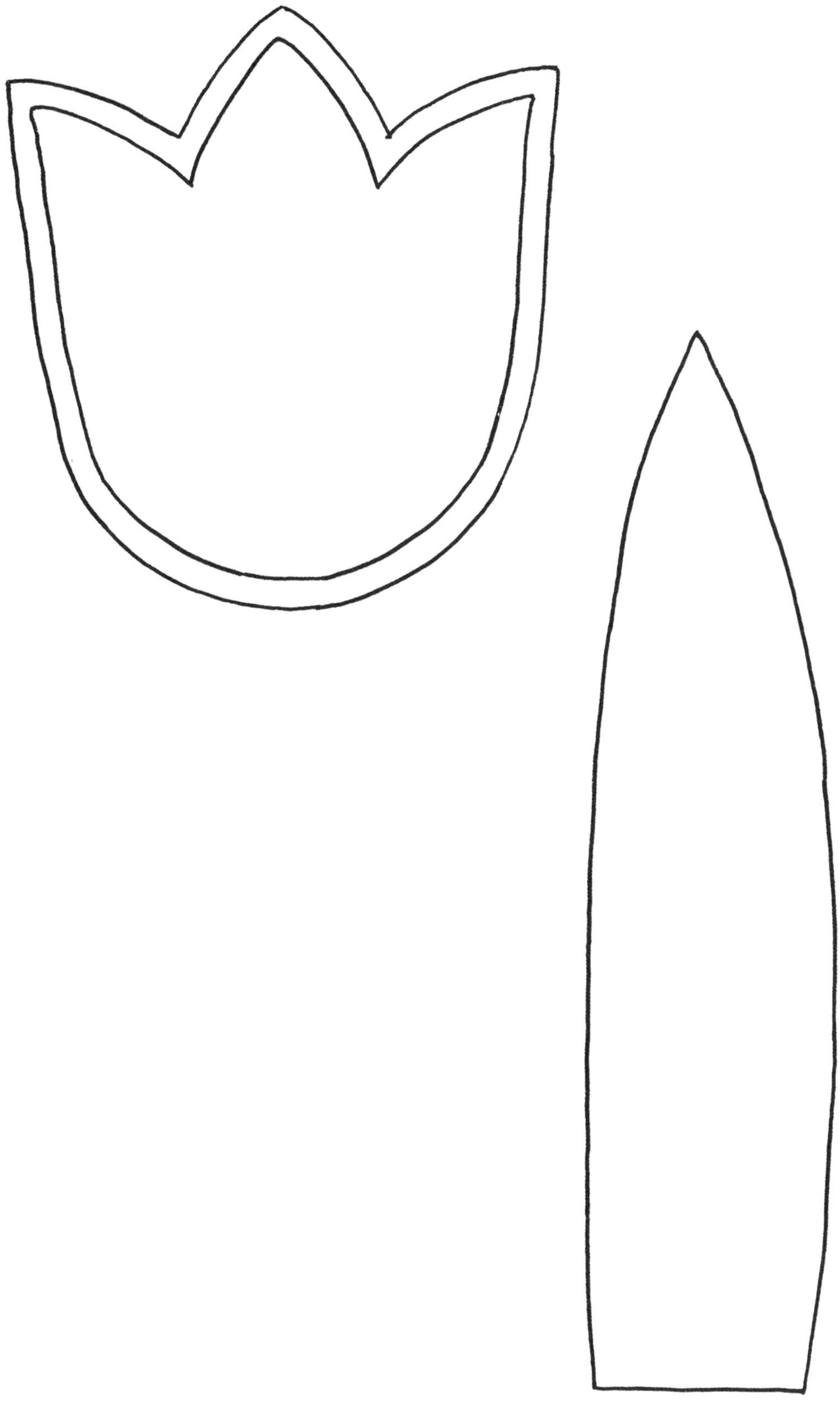

Vorlage 4 zu: Jahreszeitenfee-Frühlingsfee (S. 8)

Vorlage 5 zu: Ein Tulpenbeet wird bunt (S. 40)

Vorlage 6 zu: Löwenzahnspirale (S. 51)

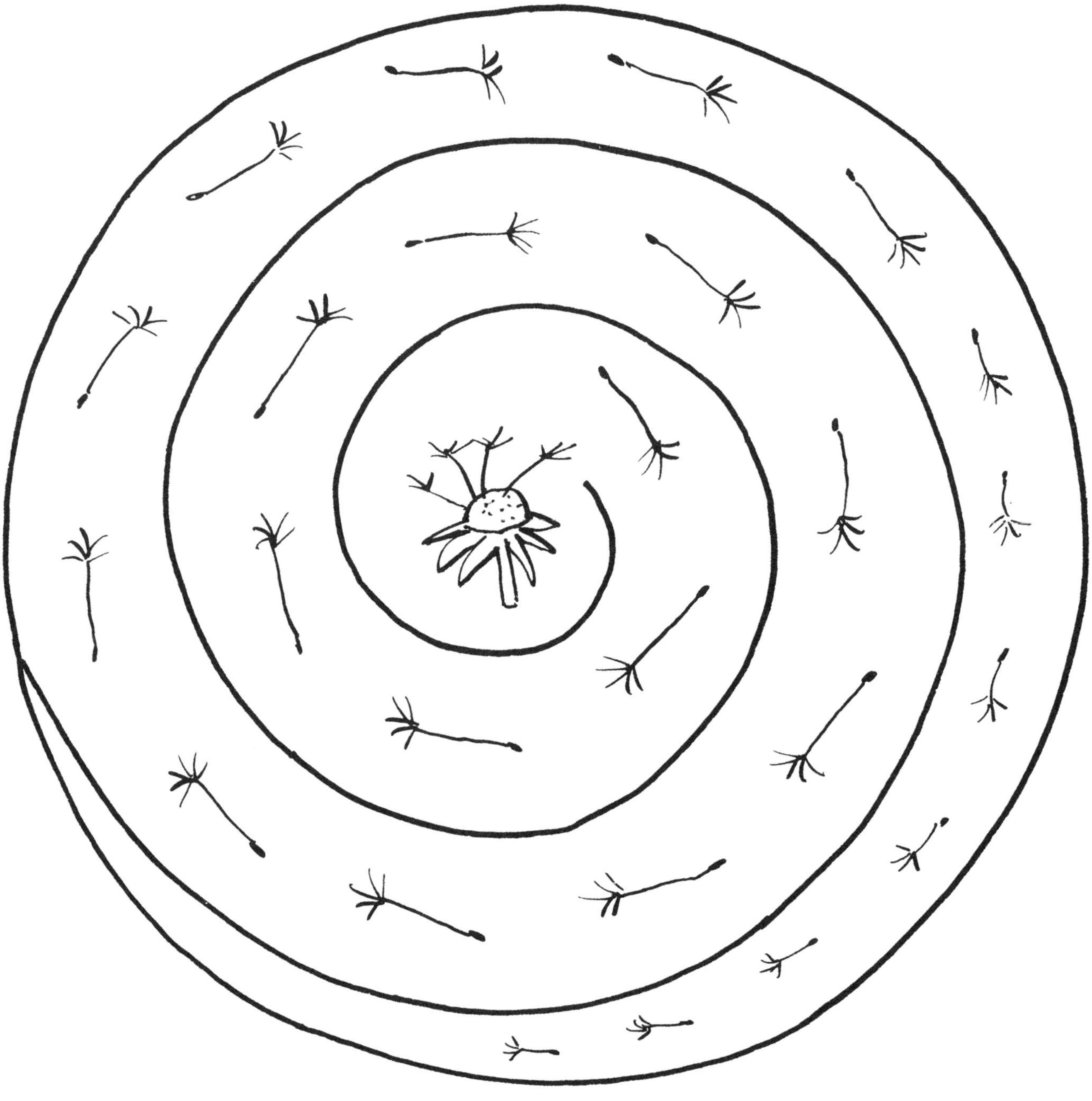

Vorlage 7 zu: Das Gänseblümchen hatte Besuch (S. 57)

Vorlage 8 zu: Gänseblümchen als Tischdeko (S. 58)

Vorlage 9 zu: Bienenwabendruck (S. 70)

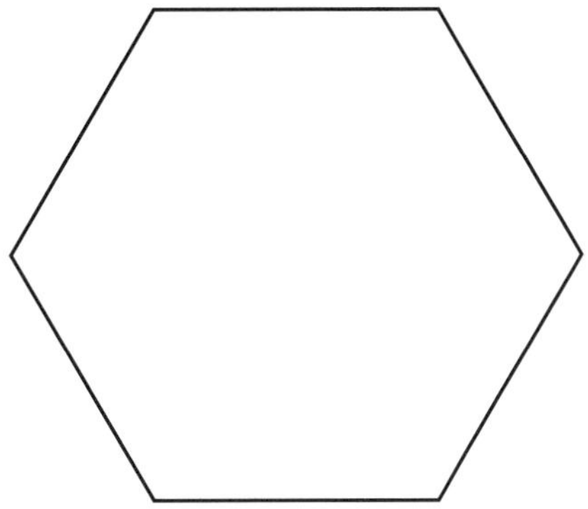

Vorlage 10 zu: Schmetterling mit Klapptechnik (S. 81), Schmetterlinge aus Blätterteig (S. 85)

Vorlage 11 zu: Biene und Bienenstock (S. 67)

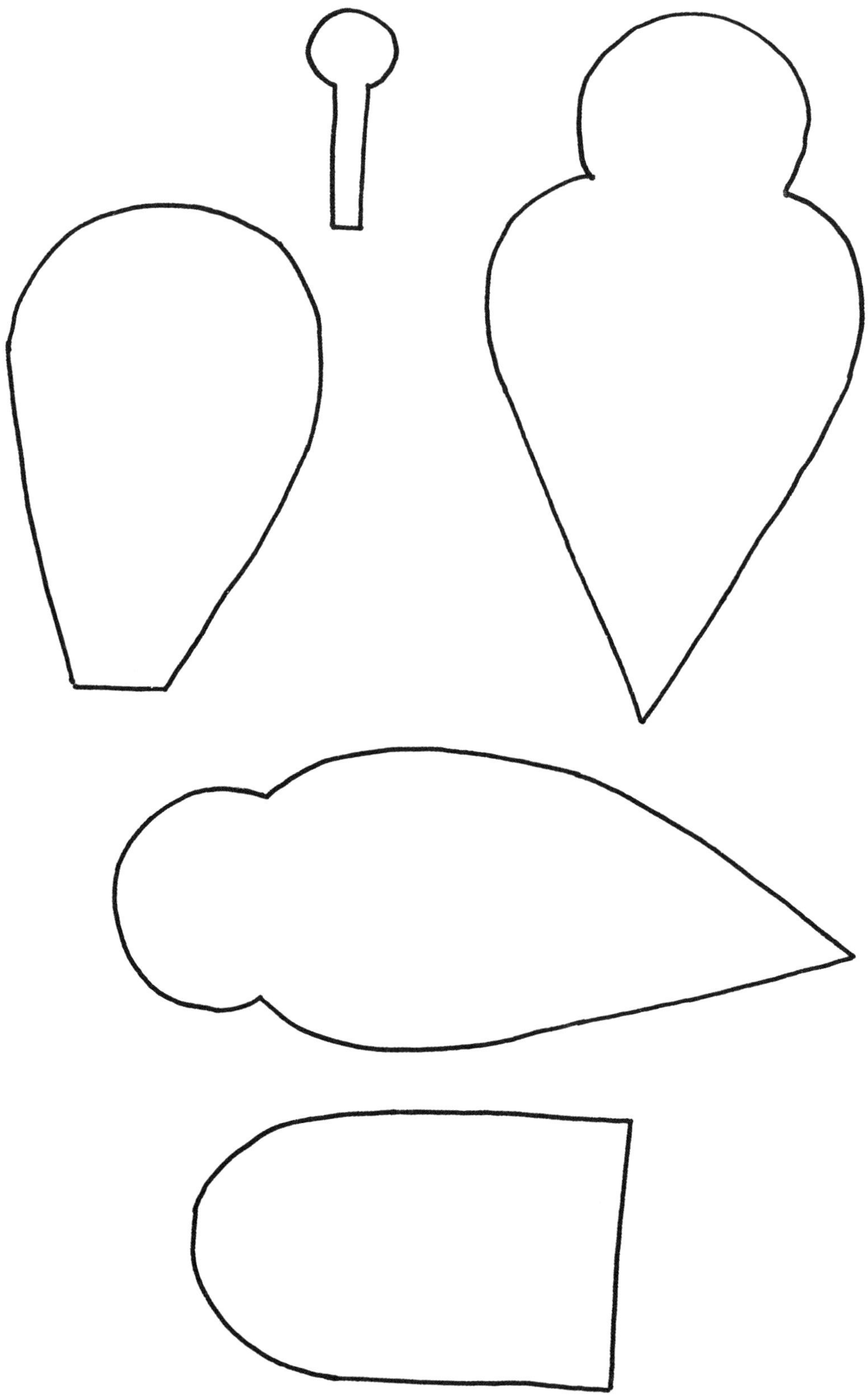

Vorlage 12 zu: Die Biene will zur Blume (S. 70)

Vorlage 13 zu: Eine Raupe wird größer (S. 71)

1		
2		
3		
4		
5		
6		
7		
8		
9		
10		

Vorlage 14 zu: Pappmaschee-Hase (S. 94)

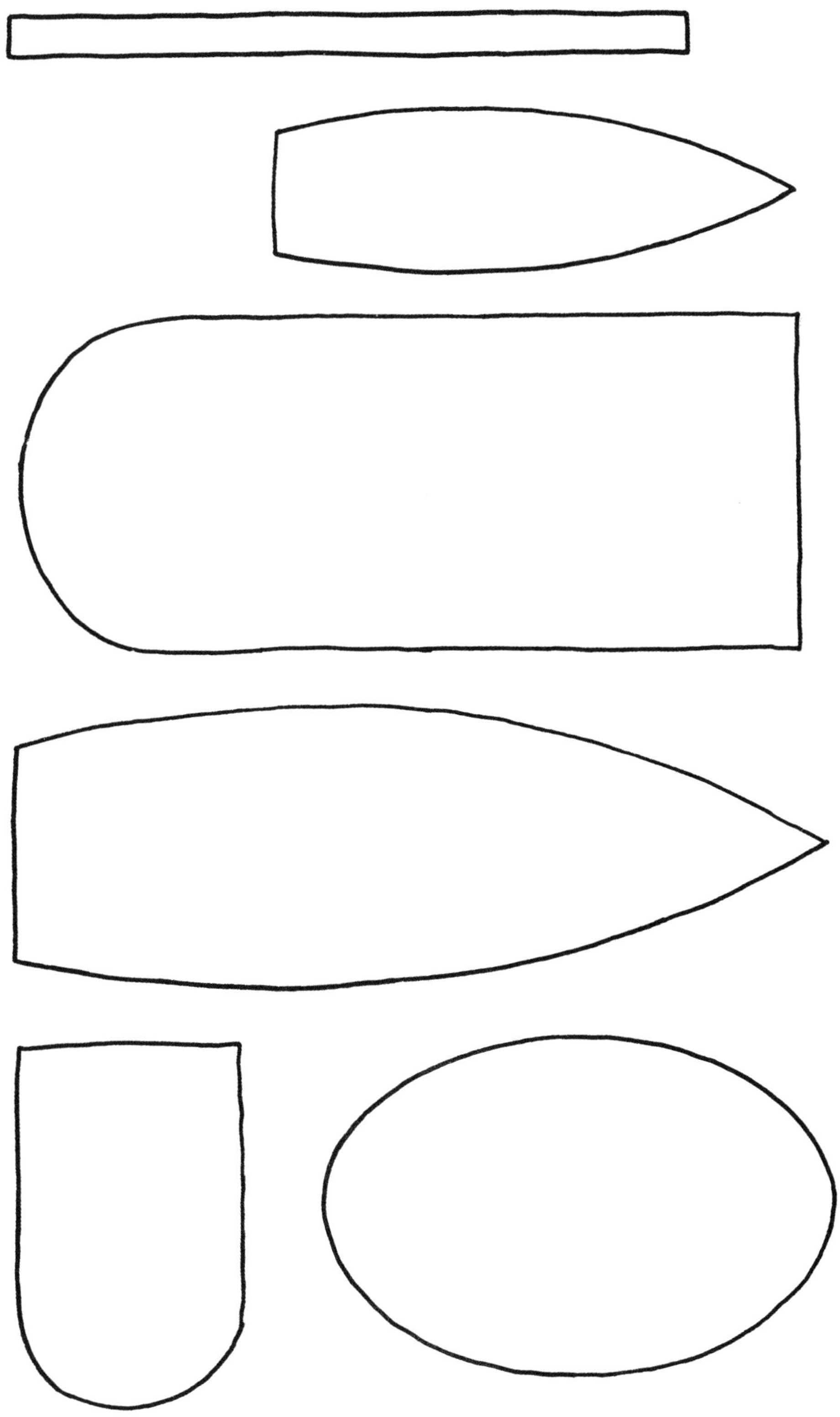

Register

Die Autorin

Anja Mohr, geboren 1968, ist verheiratet und hat zwei erwachsene Söhne. Sie lebt im badischen Forst und ist seit 1989 Erzieherin in Kindertageseinrichtungen. Durch ihre langjährige Berufserfahrung haben ihre Materialien eine besondere Praxisnähe. Darüber hinaus steht sie durch die Anleitung von Erzieherinnen und Erziehern im Anerkennungsjahr im engen Kontakt mit Fachschulen für Sozialpädagogik, wodurch sie immer wieder gefordert wird, sich auf besondere Themen einzustellen.

Der Illustrator

Boris Braun wurde 1967 in Freiburg im Breisgau geboren. Nach einem Lehramtsstudium in Freiburg folgte ein Illustrationsstudium an der Fachhochschule für Gestaltung in Hamburg mit dem Schwerpunkt „Kinderbuch" bei Prof. Rüdiger Stoye. Heute arbeitet er als freiberuflicher Illustrator hauptsächlich für Postkarten-, Schulbuch- und Kinderbuchverlage.